Margot Käßmann

Das Zeitliche segnen

In dankbarer und liebevoller Erinnerung
an meine Mutter und meinen Vater

Voller Hoffnung leben.
In Frieden sterben.

Das Zeitliche segnen

Margot
Käßmann

adeo

Inhalt

Vorwort

Es tut gut, ans Sterben zu denken – für das Leben! Wer die eigene Endlichkeit und die anderer nicht ignoriert, hat einen anderen Blick auf die Zeit. Damit du dein Leben bewusst lebst, muss es doch nicht erst zu einer Krebsdiagnose kommen – auch wenn das manches Mal so vermittelt wird!

Wie will ich schon jetzt leben, damit ich am Ende in Frieden sterben kann? Darum geht es. Ich verstehe das Leben als geschenkte Zeit, die ich nutzen, verantworten und auch auskosten will. Gerade, dass unsere Zeit begrenzt ist, macht sie doch so kostbar. Gewiss, der Tod ist schmerzhaft, die Angst vor dem Sterben ist groß. Aber die ewige Fortsetzung unseres Lebens ist doch auch nicht unbedingt ein beglückender Gedanke. Oder, wie der Theologe Heinz Zahrnt einmal schrieb: „Für immer leben, das wäre nicht das ewige Leben – es wäre die ewige Hölle."[1] Mit Blick auf eine Zukunft bei Gott kann ich mir ewiges Leben durchaus vorstellen. Eines steht für mich fest: Wer über das Sterben nachdenkt, lebt intensiver.

Und wer vorbereitet stirbt, entlastet die Angehörigen. In manchem Beerdigungsgespräch habe ich die Hilflosigkeit von Angehörigen erlebt. Sie hatten meist nie zuvor mit den Verstorbenen

---

1 Heinz Zahrnt, Glauben unter leerem Himmel, München 2000, S. 250.

oder auch untereinander über das Sterben gesprochen. Wollte die Mutter eine Sarg- oder eine Urnenbestattung? War es richtig, am Ende einer Organspende zuzustimmen? Wen eigentlich müssen wir informieren, hatte der Bruder eine Adressliste? Wollen wir um Spenden bitten, Blumenkränze bestellen? Muss es überhaupt eine Todesanzeige geben? Hätte der Großvater sich ein bestimmtes Lied gewünscht zur Trauerfeier? Wenn die meisten der bei einem Todesfall anstehenden Fragen im Vorfeld geklärt sind, wird der Abschied nicht von so vielen notwendigen Entscheidungen belastet, die innerhalb sehr kurzer Zeit zu treffen sind. Und auch im Nachhinein gibt es nicht diese Frage: Hätten wir es vielleicht ganz anders machen sollen?

Wenn wir über das Sterben anderer und auch den eigenen Tod sprechen, bringt das in der Regel eine existenzielle Vertiefung des Gesprächs mit sich. Der Blick weitet sich, von den Banalitäten kommen wir zu den Grundfragen des Lebens. Das tut gut, weil es dem Leben Tiefgang bringt.

Schließlich: Wer Sterbende begleitet, Abschied nehmen muss, Trauernde tröstet, scheint ein wenig „aus der Zeit" herauszutreten. Du bist mit den Gedanken woanders. Gewiss, das Leben geht weiter. Aber Sterben, Abschied und Trauer brauchen Raum und Zeit. Es ist wichtig, dass wir diesen Raum und diese Zeit schaffen. Für die Lebenden! Die irgendwann selbst sterben werden …

Ich würde mich freuen, wenn dieses Buch zum eigenen Nachdenken und zum Miteinander reden anregt. Es geht um ein
Thema, das in der Tat uns alle angeht. Und um ein Thema, zu
dem der christliche Glaube viel zu sagen hat. Wer über Sterben
und Tod nachdenkt, thematisiert letztendlich das Leben.

Berlin, im Juli 2014
Margot Käßmann

1 Auf dass wir klug werden ❧
Sterben in Deutschland heute

Anfang des Jahres 2014 sind alle Medien voll davon: Michael Schumacher ist am 29. Dezember 2013 schwer gestürzt. STERN und SPIEGEL titeln mit der Geschichte. Wie kann einem Rennfahrer der Formel 1 so etwas passieren? Einer der erfolgreichsten Autorennfahrer der Welt stürzt beim Skifahren auf einen Felsen, trägt zwar einen Helm, ist aber dennoch schwerstverletzt? Das kann doch nicht wahr sein! Er wird doch gerade erst 45 Jahre alt. Unfassbar.

Die Erkenntnis von Verletzbarsein und Sterblichkeit schockiert in einer Welt des „höher, größer, schneller und weiter". Wer denkt schon an Endlichkeit! Da muss doch etwas gemacht werden können. Ehefrau und Kinder, Angehörige und Fans von Michael Schumacher erleben das, was viele immer wieder erfahren müssen: ein Unfall als Schock. Die Bedrohung durch lebenslange Behinderung als Angstvorstellung. Andere trifft eine Krebsdiagnose. Unvermutet wird sie zur totalen Irritation des Alltags. Der Tod als nie bedachte Möglichkeit schockiert, versetzt in einen Ausnahmezustand – wobei ein Autorennfahrer dieses Thema gewiss weniger ausgeblendet hat als viele andere.

Es zeigt sich immer wieder: Das Thema Sterben und Tod kommt für viele Menschen erstaunlicherweise absolut überraschend. Eine ARD-Themenwoche hat das vor ein paar Jahren sehr schön mit ihrem Titel auf den Punkt gebracht: „Sie werden sterben. Lassen Sie uns darüber reden." Ich war dabei, als Dagmar Reim, die Intendantin des RBB (Rundfunk Berlin-Brandenburg), versuchte, das Thema der Konferenz der Senderbeauftragten schmackhaft zu machen. Da gab es viel Widerstand und Skepsis: Ist so ein thematischer Schwerpunkt nicht ein Quotenkiller? So etwas wirkt doch total negativ auf die Stimmung der Zuschauerinnen und Zuschauer. Und dann auch noch im November! Das zieht doch total runter...

Am Ende stand eine der erfolgreichsten ARD-Themenwochen überhaupt. Es gab Kindersendungen, Hörspiele, Expertendiskussionen und Filme zum Thema. Die Resonanz war enorm und es zeigte sich: Viele wollen reden, wir brauchen solche Anlässe zum Reden.

Den Auftakt zur Themenwoche bildete ein Tatort, dann folgte eine Talkrunde bei Günther Jauch. Gäste an diesem Abend waren der Trauerbegleiter Fritz Roth, der in Bergisch-Gladbach ein Bestattungshaus gegründet hat, der CDU-Politiker Wolfgang Bosbach und Bastian Brauns, ein junger Medizinstudent, begleitet von seiner Freundin Katharina Reingen. Alle drei Männer kämpften gegen den Krebs. Es war bewundernswert, wie offen sie über ihre Krankheit sprachen. Roth und Bosbach waren befreundet und scherzten geradezu über den eigenen bevorstehenden Tod, sodass ich mich als weiterer Gast in der Runde an ein Wort des Apostels Paulus erinnert fühlte: *Tod, wo ist dein Sieg?* (1 Kor 15,55).

Aber schon während der Sendung, in der auch ich Gast war, und stärker noch danach hatte ich ein gewisses Unbehagen. Zunächst wusste ich noch nicht warum. Später wurde mir klar: Die

Stimmung war fast zu optimistisch-positiv. Zum einen war das gewiss gut und hat zu viel positiver Resonanz auf die Sendung sowie großem Respekt gegenüber den Betroffenen geführt. Für den Schmerz aber, den es auch bedeutet, das Leben und die eigenen Lieben loslassen zu müssen, blieb nicht wirklich Raum. Und auch die Angst und die Trauer der Angehörigen kamen nicht zur Sprache. Dabei waren durchaus Angehörige im Publikum und in der Runde selbst anwesend. Im Nachhinein habe ich mir den Vorwurf gemacht, nicht auch ihre Gefühle angesprochen zu haben.

Es ist wichtig, offen über den Tod zu sprechen, o ja! Und ich hoffe, dass viele, die zugeschaut haben, auch selbst ins Nachdenken und Reden kamen. Aber schönreden können wir den Tod auch nicht. Er tut weh, ganz gleich wie alt wir sind. Eine Freundin macht es bis heute zornig, dass beim Tod ihrer Mutter viele meinten, sie müsse doch eigentlich froh sein, die Dame war schon sehr alt und saß zudem im Rollstuhl – als täte der Tod nicht dennoch weh, wenn die eigene Mutter stirbt. Es geht darum, wie wir eine Balance finden zwischen dem offenen Umgang mit Tod und Sterben einerseits und der Realität von Schmerz und Trauer andererseits.

Simone de Beauvoir hat in einem Buch mit dem Titel „Ein sanfter Tod", in dem sie über den Tod ihrer Mutter nachdenkt, ihre Überraschung geschildert, wie sehr sie das Geschehen erschüttert hat. Bevor ihre eigene Mutter starb, konnte sie die tiefe Trauer anderer nicht nachvollziehen. Sie schreibt: „Ich verstand nicht, dass man allen Ernstes um einen Angehörigen, einen alten Verwandten weinen kann, der über siebzig Jahre alt ist. Wenn ich einer fünfzigjährigen Frau begegnete, die verzweifelt war, weil sie eben ihre Mutter verloren hatte, hielt ich sie für neurotisch: Wir sind alle sterblich; mit achtzig Jahren ist man wohl alt genug, einen Toten abzugeben …"

So schrieb sie mit Distanz. Als sie am Sterbebett ihrer eigenen Mutter saß, dachte sie anders darüber, wollte aufbegehren gegen diesen Tod, erlebte das Sterben als endgültigen Abschied, der sie tief berührte.

Wenn Vertrautheit die Angst nimmt

Ähnliches erleben viele Menschen. Sendungen wie die von Günther Jauch leisten einen Beitrag dazu, uns für die Nöte anderer zu sensibilisieren.

Aber erst nach einer eigenen Verlusterfahrung kannst du wirklich nachvollziehen, wie es anderen in einer ähnlichen Situation ergeht.

Fritz Roth starb wenige Wochen nach jener Sendung am 14. Dezember 2012. Er hat in seinem Leben unermüdlich für eine würdige Kultur von Sterben, Trauer und Bestattung in Deutschland gekämpft. Sein Haus bietet nicht nur ganz individuelle Bestattungen, sondern er hat auch eine Trauer-Akademie gegründet, ein Haus der menschlichen Begleitung. Wir sind uns öfter begegnet und seine Projekte haben mich beeindruckt: etwa der „Koffer für die letzte Reise". Fritz Roth hatte 100 Menschen eingeladen, einen Koffer zu packen, mit dem, was sie gern mitnehmen würden auf ihre „letzte Reise", wenn sie denn könnten. Als Ausstellung waren diese Koffer an vielen Orten zu sehen. Sehr verschiedene Gegenstände hatten Menschen eingepackt: Die einen nahmen eine Puppe mit. Andere Fotos von Angehörigen oder auch Briefe und Karten. Mancher eine Flasche Wein, einer Musiknoten, eine andere die Bibel. Einer legte einen Zettel hinein mit dem Satz: „Ich kann ohne Gepäck gehen und gehe ohne." Symbolisch zeigen die Koffer, was Menschen wichtig ist, ihnen am Herzen liegt. Ich finde es anregend, selbst darüber nachzudenken: Was käme in meinen Koffer?

In seinem Buch „Das letzte Hemd ist bunt" schreibt Fritz Roth, es gehe „…um die Frage, wie wir die Handlungsspielräume füllen und die Vertrautheit mit Tod, Abschied und Trauer zurückgewinnen."[2] Diese „Vertrautheit" scheint mir ein zentraler Punkt zu sein. Das Wegschließen des Todes hinter die Mauern von Angst, Sprachlosigkeit und Unkenntnis und auch das Abschieben der Sterbenden in Heime und Krankenhäuser lässt die Unsicherheit und die Angst immer größer werden. Stattdessen bräuchte es so dringend das gemeinsame Gespräch, um all das Bevorstehende benennen und bewältigen zu können.

Für mich als Pfarrerin ist das Sterben immer wieder sehr konkret geworden: am Sterbebett, beim Trauergespräch mit den Angehörigen, am offenen Sarg, bei der Beerdigung, in der Begleitung von trauernden Menschen. Auch in meinem eigenen Leben haben Sterben und Tod mich oft unmittelbar berührt. Mich treibt nicht die Angst vor dem Tod um, da hält und trägt mich mein Gottvertrauen. Das Ignorieren der eigenen Sterblichkeit empfinde ich als traurig. Mich bedrückt auch die Sprachlosigkeit zwischen Menschen, die sich sehr nahe sind, wenn es um das Thema Abschied geht. Dabei ist doch die Erfahrung: Wo zwei miteinander über „letzte Dinge" sprechen, lernen sie viel übereinander, wird die Beziehung persönlicher, tiefer.

2 Fritz Roth, Das letzte Hemd ist bunt, Frankfurt 2011, S. 27.

Wer sich den anstehenden letzten Fragen stellt, die Begrenztheit des eigenen Lebens wahrnimmt, kann bewusster das Geschenk des Lebens, die geschenkte Zeit annehmen. Das wusste schon der Psalmbeter, wenn er sagt: *Lehre uns bedenken, dass wir sterben müssen, auf dass wir klug werden* (Psalm 90,12). Ein Buch über das Sterben wird daher immer ein Buch über das Leben sein, über die Lebensklugheit, die es zu lernen gilt.

Der ganz normale Tod

Doch wer hat heute Gelegenheit, einem Sterbenden die Hand zu halten, wenn er oder sie nicht beruflich oder ehrenamtlich damit befasst ist? Wer erlebt noch eine Aussegnung zu Hause oder den Abschied am offenen Sarg? Beginnt jemand, über das eigene Sterben zu sprechen, wird sehr schnell abgewiegelt und das Thema gewechselt. Die meisten Menschen setzen sich erst dann mit solchen Fragen auseinander, wenn sie die Augen davor nicht mehr verschließen können, weil ein enger Angehöriger schwer erkrankt ist, eine Freundin im Sterben liegt oder sie selbst eine entsprechende Diagnose bekommen haben. Im Alltag kommt der Tod kaum vor, hat das Sterben keinen Raum. In Fernsehkrimireihen, Computerspielen und in den Nachrichten spielt der Tod dagegen sehr wohl eine wichtige Rolle. Hier wird jeden Sonntag ein „Tatort" gesichert, werden virtuelle Menschen abgeschossen, Prominente betrauert und von den vielen Toten durch Krieg und Terror in aller Welt berichtet. Aber das tägliche Ringen mit dem Tod in Wohnungen, Altenheimen und Krankenhäusern, das „ganz normale Sterben" also, kommt selten vor, weder in den Medien noch im Erleben der Menschen.

Dabei sterben jedes Jahr rund 860 000 Menschen in unserem Land. Das heißt 860 000 Frauen, Männer und Kinder stehen vor den letzten Fragen. Und ihre Angehörigen auch! Die meisten (66 Prozent[3]) wünschen sich, zu Hause zu sterben. Aber das ist nur bei 25 Prozent Realität, die Mehrheit beendet ihr Leben im Krankenhaus (40 Prozent) oder einer stationären Pflegeeinrichtung (30 Prozent). Gerade in Krankenhäusern gibt es aber wenig Raum und Zeit für Sterbende oder Trauerangebote für Angehörige. Vieles hat sich in den letzten Jahren zwar verbessert – dass Menschen alleingelassen und abgeschoben auf dem Flur sterben, ist nicht mehr der Fall. Aber im Klinikalltag ist es schwer, Abschied zu gestalten, und dem Pflegepersonal wird meist keine Zeit zugestanden, um Sterbende zu begleiten oder gar Angehörige zu trösten. Oft gibt es auch noch immer keinen würdigen Abschiedsraum.

Jede Krankheitsgeschichte und jedes Sterben ist individuell verschieden. Ob Prominenter oder Erika Mustermann – es lässt sich nicht in Fallpauschalen ausdrücken und als Situation vorhersehen. Natürlich gibt es ähnliche Krankheitsverläufe, können anhand bestimmter Symptome Vorhersagen getroffen werden. Aber die 860 000 Menschen, die pro Jahr in Deutschland sterben, können nicht „über einen Kamm geschoren" werden. Das Leben ist unvorhersehbar. So wenig wie wir Geburten im Detail planen und regeln können, so wenig absoluten Einfluss haben wir letztlich auch auf Krankheit und Sterben. Natürlich bietet die moderne Medizin viele Möglichkeiten einzugreifen. Aber am Ende werden wir alle sterben.

---

3 Diese Zahlen und die folgenden sind Ergebnisse einer repräsentativen Umfrage zum Thema „Sterben in Deutschland", veröffentlicht von: Deutscher Hospiz- und Palliativverband e.V., 20. August 2012.

Es geht darum, die persönliche Geschichte der Menschen, die uns nahestehen, mitzuerleben, sie zum Teil unseres Lebens und unserer Gespräche zu machen. Erfahrungen zu sammeln, mitten im Leben.

Von Herausforderungen bei der Pflege

Angesichts von Pflegebedürftigkeit nahestehender Menschen kommen viele an ihre Grenzen. Was ist der richtige Schritt? Kann ich zusagen, die Pflege zu übernehmen? Oder kann ich auch sagen, dass ich das nicht schaffe, dass wir andere Lösungen als eine häusliche Pflege brauchen? Dabei ist niemandem ein Vorwurf zu machen. Vorwürfe anderer und Selbstvorwürfe, das schlechte Gewissen, die mangelnde Akzeptanz – all das trägt zur Tabuisierung der realen Probleme bei. Für Angehörige ist es schwer, jemanden bis zum Ende zu pflegen. Einerseits ist es ein körperlicher Kraftakt, andererseits zeitlich kaum zu leisten, wenn die Angehörigen berufstätig sind. Und wenn sie es dennoch tun und den Kranken nach Hause holen, wird misstrauisch nachgefragt. Das haben Freunde kürzlich erlebt, die ihre Mutter zu Hause pflegen. Die Einstufung in Pflegestufe 3 wurde infrage gestellt, weil beide, Tochter und Schwiegersohn, in Vollzeit berufstätig sind. Das könne nicht funktionieren. Beide haben jedoch Berufe, mit denen das vereinbar ist. Nach neuen gesetzlichen Regelungen können Angehörige eine berufliche Auszeit von bis zu zehn Tagen, bei Betrieben mit mehr als 15 Mitarbeitenden sogar bis zu sechs Monaten nehmen. Anders als in der Elternzeit gibt es jedoch keine finanzielle Unterstützung. Wie also soll das gehen?

Pflegekräfte werden daher aus Polen und anderen osteuropäischen Ländern angeworben, um 24 Stunden präsent zu sein. Im

Internet gibt es zahlreiche Angebote. Eine 24-stündige Pflege ist schon ab 1400 € im Monat möglich. Die zu Pflegenden oder ihre Angehörigen sind in solchen Fällen in der Regel nicht Arbeitgeber, sondern die Anstellung erfolgt per „Entsendung" durch eine Firma mit Sitz in Polen. So wird die Pflegekraft in der Regel nach polnischen Stundenlöhnen bezahlt und ein großer Teil des Geldes geht an die entsprechende Firma. Nur selten ist dies eine für alle Seiten wirklich zufriedenstellende Lösung. Aber wie soll die Pflege bewältigt werden? 24 Stunden zu Hause präsent sein – das ist für Angehörige wie für Pflegekräfte eine völlige Überforderung.

So hat kürzlich ein Buch starke Resonanz erhalten, in dem eine Frau den Kraftakt der Pflege beschreibt: Martina Rosenberg, „Wann stirbst du endlich, Mutter?". Sie schildert, wie schwer es ist zu pflegen, wie zermürbend, da ja auch die Gepflegten nicht ständig dankbar und zufrieden sind. Sie beschreibt die Distanz, die notwendig ist, um sich nicht völlig zu erschöpfen, das schlechte Gewissen, nicht allen gerecht zu werden. Viel zu wenig wird darüber berichtet, geschrieben, gesprochen, welche Belastung Pflege bedeutet. Das Thema braucht viel mehr Öffentlichkeit! Und Angehörige brauchen Unterstützung. Es geht auch um Nachbarschaft. Weiß ich in einer anonymer werdenden Gesellschaft überhaupt noch, wer im Haus oder in der Wohnung nebenan wohnt? Wie können neue Kontakte geknüpft werden, damit jemand sagt: Ich komme vorbei. Oder anbietet, die pflegende Tochter mal für ein paar Stunden zu entlasten? Wie kann die Isolation in Pflegeheimen aufgebrochen werden?

Auch mit Blick auf die professionelle ambulante Pflege stellen sich diese Fragen. Ich habe einmal eine ambulante Pflegerin begleitet. Was da geleistet wird, verdient höchsten Respekt.

Mit dem Auto geht es von einer Person zur anderen. Allein die Parkplatzsuche ist schon ein Problem. Und dann bleiben für die „große Morgenwäsche mit Toilettengang" exakt 23 Minuten, die abgerechnet werden können. Das ist für die Pflegenden wie die Gepflegten kaum zu ertragen. Da ist kein Platz für Persönliches, sondern es herrscht enormer Leistungsdruck. Deshalb ist es notwendig, dass die sogenannte Zivilgesellschaft sich einbringt, wir alle also, indem Nachbarn mit hinschauen, sich Zeit nehmen, zu Besuch kommen und so möglichst viele einen Beitrag leisten. Das mag unrealistisch oder gar naiv klingen in einer Zeit, in der alle sehr mit sich selbst beschäftigt sind, viele großen Leistungsdruck verspüren. Aber ich bin überzeugt, ein Mehr an Miteinander würde auch insgesamt das Lebensgefühl verbessern.

Bei familiärer Pflege haben viele ganz zuletzt auch Angst, etwas zu versäumen. Selbst auf dem Dorf habe ich erlebt, dass die Großmutter noch für die letzten 24 Stunden in ein Krankenhaus gebracht wurde, weil alle befürchteten, etwas falsch zu machen. Die alte Dame wäre gewiss lieber zu Hause geblieben. Die Angst aber rührt aus Ungewohntheit, Unkenntnis. Würden wir das Sterben öfter erleben, wäre das sicher anders.

In Heimen und in Krankenhäusern hat das Personal nicht die Zeit, das Sterben intensiv zu begleiten. Auch hier ist kein Vorwurf zu machen. Die Mitarbeitenden haben hohe Anerkennung verdient für ihren Einsatz, an sie werden enorme Anforderungen gestellt. Aber so sehr sich viele bemühen: Niemals wird es möglich sein, intensive Pflege und Begleitung voll zu finanzieren. Unterstützung ist notwendig. Ich denke beispielsweise an die „Grünen Damen", die ehrenamtlich Menschen in Krankenhäusern und Alteneinrichtungen begleiten, betreuen und helfen, sie zu versorgen.

Die Hospizbewegung – Sterbende begleiten

Besondere Hoffnung macht diesbezüglich die Hospizbewegung. Sie ist in England entstanden, wo Cicely Saunders 1967 die erste Einrichtung dieser Art gründete. Es geht darum, die Sterbenden wieder stärker in den Blick zu nehmen und ihnen und ihren Angehörigen beizustehen, damit ein würdevolles Lebensende ermöglicht wird. Grundprinzip der Hospizbewegung ist, den Menschen ganzheitlich zu begleiten, also nicht nur die körperliche Pflege im Blick zu haben, sondern auch die psychischen Fragen, die seelischen Bedürfnisse der Sterbenden und die der Angehörigen. Dies geschieht in einem Zusammenwirken von Ärztinnen und Ärzten, Pflegepersonal, Seelsorgerinnen und Seelsorgern und Ehrenamtlichen. Auch die spirituellen und religiösen Fragen haben Raum in dieser Begleitung auf dem letzten Weg.

Nachdem ich einige Hospize kennengelernt habe, kann ich mir gut vorstellen, dort meine letzten Tage zu verbringen und zu sterben. Manche sagen: Wie kannst du nur! Das widerspricht doch der Liebe und Fürsorge, dem Füreinander in der Familie! Das sehe ich aber nicht als Widerspruch. Mich beeindruckt, wie ein Mensch dort im Hospiz sterben kann. In einer ruhigen, einfühlsam gestalteten Umgebung, ärztlich und pflegerisch versorgt von Menschen, die nicht erschrecken über das, was vor sich geht. Menschen, die wissen, wie Schmerzen zu lindern sind. Du kannst individuelle Wünsche aussprechen ohne Angst, andere zu belasten. Und es gibt Rituale. Etwa das Fenster zu öffnen nach dem Tod, um der Seele Freiheit zu geben. Oder eine Kerze aufzustellen, damit die anderen wissen: Dieser Mensch ist von uns gegangen. Es herrscht eine eigene, sehr liebevolle Atmosphäre in Hospizen.

Mein Wunsch, im Hospiz zu sterben, sagt nichts aus über meine Töchter, meine Freundinnen und Freunde. Sie würden mich sicher begleiten wollen. Aber zum einen würde ich ihnen gern die Freiheit lassen, ihr Leben zu leben, mich zu besuchen, aber auch wieder gehen zu können. Zum anderen würde ich mir selbst gern die Freiheit nehmen, auch für mich zu sein, Ruhe mit mir selbst zu finden. Viele Sterbende suchen offenbar diese Zeit, nur für sich. In manchem Beerdigungsgespräch wurde mir erzählt, dass Angehörige stets da waren, die sterbende Ehefrau, den sterbenden Vater intensiv begleitet haben. Aber gerade als sie einkaufen, duschen, telefonieren gingen, nur kurz weg waren, da starb der Mensch, dem sie in den letzten Minuten gern die Hand gehalten hätten. Als habe er darauf gewartet, allein die letzten Atemzüge zu tun. Bei manchen führt das zu Enttäuschung, weil sie viel Kraft investiert haben und nun in dem entscheidenden Moment nicht da waren. Ihnen kann ich nur tröstend sagen: Vielleicht wollte der Sterbende genau diese Freiheit, vielleicht hat sie sich unbewusst genau diesen Augenblick gesucht…

Die Hospizbewegung ist entstanden durch ehrenamtliches Engagement und das Ehrenamt trägt sie bis heute, unterstützt durch Spenden. Dass diese Orte des Friedens und der Sterbebegleitung auf sanfte Art entstehen konnten, dafür ist vielen Menschen zu danken, deren Namen nie genannt werden.

Neben den stationären Hospizen gibt es auch die ambulante Hospizbewegung, von der Menschen, die auf das Sterben zugehen, begleitet werden. Die Zahl der ambulanten Hospizdienste hat sich seit 1996 mehr als verdreifacht. Derzeit haben wir in Deutschland mehr als 1500 ambulante Einrichtungen einschließlich der Dienste für Kinder. Und auch die Zahl der stationären Einrichtungen in der Betreuung schwerstkranker und sterbender Menschen ist in Deutschland in den letzten 15 Jahren deutlich gestiegen. Während es 1996 nur 30 stationäre Hospize und 28 Palliativstationen gab, waren es 2011 bereits 195 stationäre Hospize und 231 Palliativstationen.[4] Eine wunderbare Entwicklung, die nur durch ehrenamtliches Engagement möglich geworden ist. Zwar gibt es noch lange nicht für alle, die es wünschen, ambulante oder stationäre Hospizbegleitung. Aber wir sind auf einem guten Weg und die Hospizbewegung hat das Thema Sterben vielerorts auf die Tagesordnung gebracht.

Sterben ohne Schmerzen – Palliativmedizin

Hand in Hand mit der Entwicklung von Hospizen geht die Palliativmedizin. Menschen mit einer Erkrankung, bei der das Sterben absehbar ist, sollen so begleitet werden, dass deren Schmerzen erträglich bleiben. Neben der „Beherrschung" von Schmerzen sind ebenso wie bei der Hospizbewegung die psychischen und sozialen, aber eben auch die spirituellen Fragen im Blick. Es geht nicht um Lebensverlängerung, sondern um bestmögliche Lebensqualität bis zuletzt.

Ich erinnere mich gut an den Zeitpunkt, als endlich die erste Krankenkasse palliative Versorgung in ihren Leistungskatalog aufnahm. Die Frau, die dies initiiert hatte, war aktiv geworden, nachdem sie miterleben musste, wie ihr Mann unter entsetzlichen Schmerzen starb. Noch während meiner Zeit als Hannoversche Landesbischöfin wurden die ersten drei „Palliativbetten" im Friederikenstift mit Spendenmitteln finanziert. Heute sind sie vielerorts selbstverständlicher Teil der Pflege, auch wenn

4 Zahlen und Daten von: Deutscher Hospiz- und Palliativ-Verband e.V., Aachener Straße 5, 10713 Berlin.

weiterhin zu fordern ist, das Palliativmedizin in der Vorbereitung auf den Beruf von Ärztinnen und Ärzten sowie Pflegekräften zum Standard wird. Denn erst seit 2010 ist Palliativmedizin Teil der Ausbildung von Medizinerinnen und Medizinern, das war dringend notwendig. Aber auch Pflegende müssten viel besser unterwiesen werden, was palliativ möglich ist. Deutschland ist in dieser Hinsicht leider noch immer „Entwicklungsland", wie es in einem Beitrag der ZEIT 2013 hieß[5]. Viele zögern beispielsweise, Morphin zu geben, weil offenbar die Suchtproblematik so hoch eingeschätzt wird. In der Schweiz habe ich schon vor vielen Jahren erlebt, dass ein Freund die Morphindosis sogar selbst bestimmen durfte. Die „Pauschalisierung" unseres Gesundheitssystems verhindert zudem leider oftmals individuelle, skalierbare Lösungen. Der genannte Artikel in der ZEIT zeigt auf, in welchem Kontrast die Vorgaben zu den Wünschen der Sterbenden stehen: Sieben Mal am Tag etwas zu trinken geben, das wird den Pflegenden von der Krankenkasse erstattet. Ob jemand nur fünf Mal etwas trinken möchte oder neun Mal nach Wasser ruft – irrelevant für die Abrechnung.

Seit 2010 gibt es die „Charta zur Betreuung schwerstkranker und sterbender Menschen" in Deutschland. Darin heißt es: „Jeder Mensch hat ein Recht auf ein Sterben unter würdigen Bedingungen. Er muss darauf vertrauen können, dass er in seiner letzten Lebensphase mit seinen Vorstellungen, Wünschen und Werten respektiert wird und dass Entscheidungen unter Achtung seines Willens getroffen werden. Familiäre und professionelle Hilfe sowie die ehrenamtliche Tätigkeit unterstützen dieses Anliegen." Das wünschen sich Menschen, wenn sie an ihr eigenes Sterben und das naher Angehöriger denken. Und die Charta

---

5 Vgl. Anna von Münchhausen, Sterben und sterben lassen, in: Die ZEIT 31/2013, 4. August 2013.

weist auch auf das Miteinander von Angehörigen, ausgebildeten Pflegekräften und Ehrenamtlichen hin, das im Idealfall ein sich jeweils gegenseitig entlastendes Zusammenspiel ist.

Es gibt also positive Entwicklungen. In Krankenhäusern und Pflegeeinrichtungen wird mit dem Sterben behutsamer umgegangen als früher. Palliativmedizin und Hospizbewegung haben das Bewusstsein für die Wünsche von Sterbenden erweitert. Initiativen wie die von Fritz Roth haben die Bedürfnisse der Trauernden besser in den Blick genommen.

Verdrängung in unserer Gesellschaft

Dennoch: Es gibt auch eine große Verdrängung, als würde das Thema nicht alle betreffen. Schweigen über das Sterben, Tabuisierung von Tod – das macht gerade diejenigen einsam, die davon betroffen sind. Aber in einer „karnevalisierten Gesellschaft" ist kein Ort für solche Fragen. Da sagte mir eine Frau, als meine Mutter starb: „Meine Mutter ist auch schon 90, aber wenn ich über das Sterben sprechen will, winken sie und meine Schwester ab: bloß nicht!" Ein 60-Jähriger sagt: „Was, du hast eine Patientenverfügung? Das ist doch viel zu früh, an so was will ich gar nicht denken!" Ob es daran liegt, dass bei uns nicht nur diese Karnevalisierung Einzug hält, sondern auch ein Machbarkeitswahn herrscht? Es kann doch nicht sein, dass es ein Ende gibt, und das liegt noch nicht einmal in meiner Hand? Etwas, was einfach so, aber unaufhaltsam kommt – das muss doch zu kontrollieren, lenken, steuern sein ...

Ein Grund für diese Verdrängung ist gewiss auch die steigende Anonymisierung und Vereinsamung. Einerseits nimmt zwar die

Individualisierung bei der Bestattung und der Trauer zu. Gleichzeitig steigt aber auch die Zahl der anonymen Bestattungen stetig. Sie wird im Internet als „günstigste Bestattungsvariante" gehandelt. Aber sie ist auch unendlich traurig, finde ich. Da wird die Asche eines Verstorbenen verstreut, auf einem Friedhofsfeld, in einem Wald oder auch auf See. Und es bleibt kein Name, kein Ort. Mir ist durchaus klar: Das Ascheverstreuen im Wald oder auf See ist für viele Menschen ein Sinnbild von Freiheit, das respektiere ich. Traurig ist aber, wenn eine solche Anonymität angstgetrieben ist. Einige Menschen wollen anscheinend alles tun, um nur nicht irgendjemandem zur Last zu fallen, irgendeine Grabpflege zu verursachen. Von Gemeinschaft, Vertrauen, selbstverständlichem Geben und Nehmen ist keine Rede mehr.

Altersgelassenheit statt Jugendwahn

Oder liegt die Verdrängung von Sterben und Tod auch an dem Jugendwahn, weil niemand mehr alt sein möchte? Ich bin jetzt 56. Keine Frage, ich fühle mich sehr gut. Aber mein Alter kann ich auch nicht leugnen. Kürzlich fragte mich eine junge Frau, ob sie mir den Koffer die Bahnhofstreppen hinuntertragen soll – nicht die Höflichkeit eines Mannes gegenüber einer Frau, sondern die der Jüngeren gegenüber der Älteren! Okay, dachte ich, es ist dir also langsam anzusehen, das Alter. Das hat aber doch auch enorme Vorteile! Ich finde, diese ewige Angst vor dem Alter, bei der eine eigentlich 40-jährige, aber scheinbar ewig jung bleibende Heidi Klum von Plakaten lächelt und sich in Pose wirft, bedenklich. Nicht nur die Jugend, auch das Alter hat doch immense Vorteile. Du kannst dich entspannen angesichts der ewigen Rennerei und der Konkurrenz um die vorderen Plätze. Du kannst Zeit ganz anders ausschöpfen.

Als ich junge Mutter war, habe ich die Zeit mit meinen Kindern zwar genossen, aber im Hinterkopf hatte ich immer die Anforderungen, die noch auf Erledigung warteten: einkaufen, Predigt schreiben, Wäsche waschen, Taufgespräch. Mit meiner Enkeltochter kann ich heute stundenlang einfach nur dasitzen, Hühner beobachten, einen Stein an Laternenmasten als Klanginstrument ausprobieren oder in einem Bilderbuch nach dem Papagei suchen – und es drängt mich nichts, ich habe nicht mal eine Armbanduhr um. Das ist Lebensglück, stressfrei, so wie es Menschen wohl erst ab einem gewissen Alter genießen können. Da wächst eine Gelassenheit, die Jüngere schlicht nicht haben, weil sie auf Erfahrung fußt. Und der Sinn des Lebens bekommt eine neue Dimension, die du früher nicht mal geahnt hast. Wer alt werden darf, erlebt viel Neues, es bleibt spannend!

Gerade erst hat eine Studie gezeigt, dass die Quote der Menschen, die nach dem Sinn des Lebens fragen, stetig sinkt. Nur etwa 37 Prozent der Menschen in Deutschland stellen sich diese Frage, ein dramatischer Rückgang um fast acht Prozent in nur vier Jahren. Drei Viertel der 14- bis 19-Jährigen haben sich die Frage noch nie gestellt, bei den über 70-Jährigen spielt sie zumindest fast für die Hälfte eine Rolle.[6] Wer keinen Sinn im Leben sucht, denkt wohl auch nicht an Endlichkeit. Und wenn es keinen Sinn gibt, ist auch Trauer nicht angesagt. Trauer ist für viele anscheinend eine Phase, die schnell überwunden werden soll. In einer ökonomisierten Gesellschaft gibt es dafür keinen Raum und keine Zeit. Älterwerden hilft auch, diese Räume zu suchen und sich Zeit zu nehmen.

6 Der Sinn des Lebens: egal, in: Süddeutsche Zeitung, 6. Dezember 2013.

„Memento mori" als Lebensklugheit

Auf einer seiner neuen CDs singt Reinhard Mey ein eindrückliches Lied über die letzte Begegnung mit seinem Sohn, bevor dieser durch eine schwere Erkrankung ins Wachkoma fiel. Das Chanson beschreibt, wie er ihn zum letzten Mal vom Bahnhof abholte. Vater und Sohn klopfen sich zur Begrüßung gegenseitig auf den Rücken, wie Vater und Sohn das eben tun. Und als er ihn nach dem Treffen wieder zum Bahnhof brachte, wurde nicht viel geredet, wie das manchmal ist zwischen Männern. Er singt: „Wir begreifen unser Glück erst, wenn wir es von draußen sehn! Wenn ich ihn vom Bahnhof abhol'n könnte noch einmal … Ich wollte für immer warten vor der lausigen Bahnstation."[7] Im Mai 2014 ist Maximilian Mey gestorben. Ja, ein Lied nur. Aber eines, das wunderbar ausdrückt, was viele fühlen: Hätte ich gewusst, dass es die letzte Begegnung ist, ganz anders hätte ich in dieser Situation reagiert und meine Gefühle gezeigt! Wir können nicht jedes Treffen unter dieses Vorzeichen stellen. Aber das zu bedenken, lässt uns gewiss bewusster Abschied nehmen dann und wann.

Für ein Buch habe ich als Herausgeberin Sätze gesammelt, die für Menschen in ihrem Leben große Bedeutung hatten.[8] Besonders anrührend fand ich folgenden Satz: „Der Herr behüte dich und beschütze dich, wenn du fortgehst und wenn du wiederkommst, von nun an bis in Ewigkeit." Renate Schwiers, die ihn eingeschickt hat, schreibt dazu: „Mit diesen Worten verabschiedete meine Oma ihren 17-jährigen Sohn in den Zweiten Weltkrieg. Für die Ewigkeit. Er kehrte nie zurück. Meine Mutter verabschiedete so ihren toten, fünfjährigen Sohn. Dem Vater

---

7 Reinhard Mey, Dann mach's gut, in: Dann mach's gut 2013.
8 Vgl. Margot Käßmann (Hg.), Starke Sätze, Frankfurt 2013.

gaben wir den Spruch im Todeskampf mit auf den Weg. Ebenso, wenn ich die Welt durchstreifte, begleitete mich der Spruch wie eine gute Reiseversicherung, ich fühlte mich nie allein. Auch bei meiner Tochter und deren vier Söhnen gehört er zur Familientradition beim Abschied nehmen. Wenn ich heute meine stark demente Mutter besuche und mich verabschiede, so ist ihr der Spruch geblieben."[9] Eine anrührende Familientradition, wie ich finde. Sie bringt zum Ausdruck, dass ich mich bewusst verabschiede, weil ich weiß, wie verletzlich das Leben ist. Und manches Mal wird es im Nachhinein ein Trost sein, sich auf diese Art und Weise verabschiedet zu haben und nicht belanglos oder gar im Streit.

Um die Sterblichkeit nicht zu verdrängen, kann ein *Memento mori* helfen, abgeleitet von *memento moriendum esse*, also: „Bedenke, dass du sterben musst." Waren es im Mittelalter Bußpredigten oder Mahnungen (als solche wurde beispielsweise die Pest verstanden), so können es auch heute unterschiedliche Impulse sein: ein Mahnmal für die Toten der Kriege, eine Lektüre, ein Lied oder auch der Gang über einen Friedhof. Eine Unterbrechung des Alltags, die uns den Blick auf das Leben verändern hilft, weil wir die Sterblichkeit nicht ignorieren, sondern hinschauen, auch was uns selbst betrifft.

Auf Wunder hoffen

Im Johannesevangelium (5,2–9) gibt es die Geschichte eines Kranken: *Es ist aber in Jerusalem beim Schaftor ein Teich, der heißt auf Hebräisch Betesda. Dort sind fünf Hallen; in denen lagen*

9 Ebd. S. 75.

viele Kranke, Blinde, Lahme, Ausgezehrte. Es war aber dort ein Mensch, der lag achtunddreißig Jahre krank. Als Jesus den liegen sah und vernahm, dass er schon so lange gelegen hatte, spricht er zu ihm: Willst du gesund werden? Der Kranke antwortete ihm: Herr, ich habe keinen Menschen, der mich in den Teich bringt, wenn das Wasser sich bewegt; wenn ich aber hinkomme, so steigt ein anderer vor mir hinein. Jesus spricht zu ihm: Steh auf, nimm dein Bett und geh hin! Und sogleich wurde der Mensch gesund und nahm sein Bett und ging hin.

Eine Wundergeschichte. Was hat da Wunder bewirkt? Konnte Jesus wirklich so konkret heilen oder wurde das nur im Nachhinein auf ihn projiziert? Entscheidend an der Erzählung scheint mir vor allem, wie lange dieser Mann leidet. Seit 38(!) Jahren liegt er dort. Das ist eine unvorstellbar lange Zeit. Eigentlich müsste er doch jede Hoffnung auf Heilung aufgegeben haben. Er erreicht ja das so verheißungsvolle Wasser noch nicht einmal. Warum hat er noch Hoffnung? Wie kann es sein, dass die einen aufgeben, die anderen so sehr kämpfen?

Das habe ich manchmal auch bei Schwerkranken erlebt. Ein Kollege sieht die Metastasen auf dem Bildschirm und hat keinen Willen mehr zu kämpfen. Es ist völlig überraschend, er hat keine Kraft, mit der Diagnose umzugehen. Ein Bekannter hat eine Bauchspeicheldrüsenkrebsdiagnose – aus heiterem Himmel. Ein sportlicher Mensch, kein Alkohol, keine Zigaretten. Alle schauten ihn mit diesem Blick an: „Das ist das Ende!" Aber er lässt sich nicht unterkriegen. Mehrere Operationen, künstlicher Darmausgang, „das volle Programm", wie es so merkwürdig heißt. Schlecht sah er aus. Und das über viele, viele Monate. Heute spielt er wieder Tennis. Er lebt viel bewusster als früher und sieht jeden Tag als Geschenk.

Wunder – viele hoffen darauf. Die Begegnung mit Jesus haben manche offensichtlich als Wunder erlebt. Aber auch diejenigen, die durch Wunder geheilt wurden, mussten eines Tages sterben. Ob ich Wunder erleben darf, das hat auch mit mir zu tun. Ob ich Gottvertrauen habe. Ob ich mich von anderen getragen weiß. Ob ich mich von der Möglichkeit, dass ich statistisch betrachtet nicht auf der Seite derer stehe, die eine bestimmte Diagnose überleben, entkräften lasse oder aktiv den Kampf gegen die Krankheit antrete. Es kann ein Wunder sein, überleben zu dürfen. Es kann ein Wunder sein, mit dem Gedanken an das Sterben Frieden zu finden.

Die bewegendste Erfahrung innerhalb der genannten ARD-Themenwoche war für mich eine dreistündige, sogenannte „Call-in-Sendung" des RBB. Hörerinnen und Hörer konnten anrufen und von ihren Erfahrungen berichten, Fragen stellen. Das waren hochspannende drei Stunden! Der Moderator und die Mitarbeiterin am Telefon waren ebenso wie ich bewegt von der Intensität und Fülle der Anrufe und der Vielfalt der Fragen. Anschließend mailten Hörerinnen und Hörer, wie gebannt sie zugehört hatten. Eine Frau schrieb, sie sei mit dem Auto an die Seite gefahren, um intensiv zuhören zu können.

Einige berichteten über die Schwere eines Verlustes. Andere über Nahtoderfahrungen. Ein junger Mann rief verzweifelt an, weil er eine schlimme Krebsdiagnose erhalten hatte und völlig allein sei, eine Frau erzählte, dass sie sich das Leben nehmen will, weil sie darin keinen Sinn mehr sieht. Daraufhin riefen andere an, die ihn oder sie besuchen wollten. Kontakte wurden geknüpft. Es entstand eine solche Gesprächsdichte, dass die drei Stunden wie im Flug vergingen.

Die Themenwoche insgesamt hat mir noch einmal deutlich gemacht: Wir sollten öfter über den Tod reden, weil Menschen großes Interesse an den elementaren Fragen zu Leben und Sterben haben. Weil sie nach Möglichkeiten suchen, sich damit auseinanderzusetzen, mit anderen ins Gespräch zu kommen. Und: Viele Menschen leiden unter Einsamkeit, gerade weil niemand mit ihnen trauert, keiner ihre Geschichten hören will. Sie wohnen mitten unter uns, verlieren aber jeden Sinn im Leben, weil sie sich derart allein und überflüssig fühlen. Da treiben Menschen Gedanken um wie: „Hätte ich sie doch noch gefragt! Hätte ich mit ihr noch darüber gesprochen." Sie brauchen Raum für die Trauer, den ihnen eine Gesellschaft, die mit Zukunft, Fortschritt und Innovation beschäftigt ist, nicht bieten kann. Die auch ungeduldig wird, wenn ihr die Zeit für den Rückblick, für Gefühle, für Aufarbeitung zu lang erscheint. Die Erfahrung aber ist: Wer Trauer hineinnimmt in das Leben, sich Zeit nimmt, damit „die Seele hinterherkommt", findet neue Kraft, hat einen tieferen Blick auf die Wirklichkeit.

Das ist wohl Klugheit: den Gedanken, dass wir sterben müssen, nicht zu verdrängen und dafür umso bewusster zu leben. Dankbar sein für jeden Tag. Unsere Beziehungen behutsam gestalten, weil wir um die Endlichkeit wissen. Zu fragen, wie ich anderen begegne, weil ich im Blick habe, wie sie mich in Erinnerung behalten werden. Natürlich kann das niemand ständig und jeden Tag. Aber es ist eine Lebenshaltung, denke ich, die auch immens dabei helfen kann, Wichtiges und Unwichtiges voneinander zu unterscheiden. ∾

Das Leben ist überhaupt nicht eine Ruhe,
sondern eine Übung,
nicht ein Sein,
sondern ein Werden.

Wir sind's noch nicht,
wir werden's aber.

Es ist noch nicht getan und geschehen,
es ist aber im schwang.
Es ist nicht das Ende,
es ist eben der Weg.

Martin Luther

2 Noch bist du da ∾
Abschiedsschmerz

Besonders hart ist der Abschiedsschmerz beim plötzlichen, völlig unerwarteten Tod mitten im „blühenden Leben". Da erzählt ein junger Mann, dass seine Kollegin, 31 Jahre alt, Mutter eines einjährigen Kindes, erfolgreich, beliebt, kurz vor dem Abschluss der Doktorarbeit ums Leben kommt. Als ein Lkw auf das Ende des Staus auffährt, stand ihr Wagen an dritter Stelle, wurde eingequetscht. Allein vom Hören sind wir erschüttert, können uns vorstellen, wieviel Leid ein solcher Tod mit sich bringt für die Eltern, den Ehemann, das Kind, das mit dem frühen Tod der Mutter ein Leben lang belastet sein wird. Es gibt keine Antwort auf das Warum, keinen Sinn in solchem Sterben, keinen irgendwie ermesslichen Grund, denke ich. Und ich scheue davor zurück, in Leiden einen Sinn hineinzuinterpretieren.

Aber ich habe erlebt, wie Menschen Sinn darin finden, wie sie mit dem Leiden umgehen, Krankheit, Sterben und Tod bewältigen.

Die Theologin Isolde Karle schreibt: „Es geht nicht darum, den anderen dazu zu überreden, die eigene, sinnlose Lage schönzureden und ihr am Ende einen Sinn zu entlocken, der nicht existiert, sondern ihn möglichst so zu begleiten, dass er sich sinnvoll zu einem sinnlosen Geschehen bzw. einer sinnlosen Situation zu verhalten vermag."[10] Das finde ich sehr einleuch-

10 Isolde Karle, Wenn es keinen Ausweg gibt, in: Wege zum Menschen, 63. Jg., Göttingen 2011, S. 230 ff.; S. 242.

tend. Viel zu schnell wird versucht, Sinn in eine Situation hineinzuinterpretieren. Der Tod ist meist schlicht sinnlos. Selten wird doch konkret für andere, für eine große Idee gestorben. Aber daran müssen wir nicht verzweifeln. Es geht darum, den Tod ins Leben zu integrieren und nicht völlig im Tod gefangen zu bleiben. Noch einmal Karle: „Menschen müssen im Leiden Distanz gewinnen, um sich im Leben wieder neu orientieren zu können. Dies ist nur möglich über den Umweg der Zeit und die Erfahrung des Trostes. ... Tröstende Seelsorge hilft, trotz aller unbestreitbaren Sinnlosigkeit nicht im Bösen zu verbittern.“[11] Diesen Gedanken von Isolde Karle halte ich für maßgebend: Schaffen wir es, nicht zu verbittern? Es ist ja Teil christlicher Freiheit, mit dem Bösen, dem Leid, dem Tod leben zu können. Den einen gelingt das, anderen aber auch nicht.

Ich erinnere mich daran, wie eines Morgens bei uns im Pfarrhaus um sieben Uhr das Telefon läutete. Die Polizei erklärte, dass auf der Rückfahrt von der Nachtschicht ein Auto mit vier Mitarbeitern von VW Baunatal auf einen Betonmischer geprallt sei. Alle vier Männer waren sofort tot. Zwei von ihnen wohnten in unserer Gemeinde. Die Polizei bat mich, einen ihrer Kollegen zu begleiten, um den Familien die Nachricht zu überbringen.

Für uns beide war das ein schwerer Gang, wir waren noch keine dreißig Jahre alt. Etwas beklommen fuhren wir im Polizeifahrzeug los. Die erste Frau kannte ich gut, sie war soeben auf dem Weg zur Arbeit, als wir auf ihr Haus zufuhren. Als sie uns beide aus dem Auto steigen sah, fing sie an zu schreien, ohne dass wir nur ein Wort gesagt hätten ... Wir versuchten, sie zu

11 Ebd.

beruhigen, brachten sie ins Haus, riefen einen Arzt und eine Freundin, erzählten, was passiert war. Als beide eingetroffen waren, gingen wir mit dem Gefühl: Hier war in kürzester Zeit eine Welt zusammengebrochen. Was kannst du tun? Was kannst du sagen? Du fühlst dich hilflos, du kannst nur die Hand streicheln und hoffen, dass nahe Menschen bei ihr bleiben, die sie halten in diesen ersten Stunden des Schocks.

Im anderen Dorf fuhren wir auf den Hof. Die Mutter des zweiten Verunglückten saß vor dem Haus und schälte so früh schon Erbsen. Auch sie ahnte offenbar, was los war, noch bevor wir etwas sagten. Hatte sie gewartet, war sie unruhig, weil der Sohn noch nicht angekommen war, wie sonst zu dieser Zeit? Diese alte Frau reagierte ganz anders als ihre Leidensgenossin: Sie faltete die Hände und begann still zu beten. Ihre Schwiegertochter kam aus dem Haus, sie hatte das Polizeiauto gesehen. Die beiden nahmen sich in den Arm und weinten. Auch dort konnten wir nichts mehr tun. Nur ein wenig schweigend dabeisitzen. Leise sagen, was passiert war. Und gehen. Dass diese Frauen allein bei unserem Anblick ahnten, es hat sich ein furchtbares Unglück ereignet, das bewegt mich bis heute.

Viele Menschen wünschen sich einen solchen Tod, wie er die junge Frau und die vier Männer ereilt hat: plötzlich und unerwartet. Unvorbereitet. „Knall, aus und vorbei!" Aber ist das wirklich wünschenswert? Gewiss, die so Verstorbenen müssen weder langes Leiden, große Schmerzen oder tiefe Angst ertragen und sie stehen auch nicht vor den großen Fragen. Aber sie haben auch nicht die Chance des bewussten Abschieds. Und die Angehörigen bleiben oft unter Schock zurück, das ganze Leben wird innerhalb von Minuten völlig verändert. Es bleibt das Gefühl von so viel Ungesagtem, Ungelebtem. In kürzester Zeit müssen viele Entscheidungen getroffen werden und der Raum für das Abschiednehmen fehlt. Nie mehr mit der Frau, dem Sohn, der Mutter oder dem Freund sprechen können – das ist schwer zu ertragen. „Hätte ich doch …" – ein Satz, der viele dann umtreibt. „Hätte ich das doch mit ihm besprochen. Wären wir doch noch in Urlaub gefahren. Könnte ich ihr doch noch sagen, wie sehr ich sie liebe. Könnte ich ihn doch noch einmal in den Arm nehmen. Es wäre doch so schön, noch miteinander zu reden, noch zu sagen, was ich so gern gesagt hätte."

Auch wenn viele sich einen plötzlichen Tod wünschen – nach meiner Erfahrung ist er für die Hinterbliebenen schwerer zu tragen. Es bleibt so vieles ungesagt. So viele Gefühle konnten nicht mehr ausgedrückt werden. Das weiß schon ein altes Gesangbuchlied, in dem es heißt: „Behüte uns vor schnellem, bösem Tod" (EG 443,9) …

Wenn der Tod sich ankündigt

Erhält jemand eine tödliche Diagnose oder geht ein sehr alter Mensch Schritt für Schritt auf den Tod zu, ist das anders. In einem solchen Fall, bei einem „angekündigten Tod", kannst du noch vieles selbst bestimmen. Du kannst sagen, was noch zu sagen ist – wie gut, wenn ein böses Wort noch aus der Welt geschafft werden kann. Du kannst regeln, was noch zu regeln ist – wie hilfreich, wenn klar ist, wer was erben soll oder wer noch zu grüßen ist. Und du kannst mit den Liebsten noch besprechen, was zu besprechen ist – wie entlastend, wenn klar ist, ob du einer Organspende zur Verfügung stehen, wo du beerdigt sein willst. Und umgekehrt: Wie schön, wenn du die letzten Worte des Vaters mitnehmen kannst in dein Leben.

Allerdings: Der Schock zu realisieren, todkrank zu sein, ist immens! Das gilt auch für die nächsten Angehörigen. Im Grunde gehen alle zur Vorsorgeuntersuchung in der Erwartung, dass alles gut ist. Und wer mit Unwohlsein zur Ärztin geht, erwartet keine Diagnose einer schweren Krankheit. Gerade wenn Menschen, die mitten im Leben stehen, eine solche Diagnose ereilt, wirft das sie selbst und ihre Angehörigen meist völlig aus der Bahn.

„Ich möchte, dass es wieder so ist wie vor der Diagnose", schrieb mir eine Freundin. Aber Realität ist: Es wird nie wieder so sein wie vorher. Unausweichlich wird die Prognose lebensbestimmend. Auch wer am Ende überlebt, wer weiterlebt, wird anders leben als vorher. Wem klar wird, es geht um die letzte Zeit, die dir in diesem Leben noch bleibt, für den ändert sich alles schlagartig – und für die Angehörigen auch. Wertigkeiten verändern sich, Beziehungen werden neu wahrgenommen, Ängste tauchen auf – mit Blick auf das Miteinander, aber auch mit Blick auf existenzielle Fragen. Wie soll es weitergehen mit den Kindern, wenn die Mutter stirbt? Kann meine Frau die Wohnung mit ihrem Verdienst halten?

Wenn mir bewusst wird, dass meine Zeit begrenzt ist, drängen sich die existenziellen Fragen in den Vordergrund: Habe ich das Leben gelebt, das ich führen wollte? Welche Träume sind bislang unerfüllt geblieben? Was wollte ich noch unternehmen, wohin wollte ich noch reisen? Was will ich noch unbedingt sehen? Ist dies überhaupt möglich, wie viel Zeit bleibt mir noch? Und habe ich für mich grundsätzlich eine Antwort auf die Frage nach dem Sinn des Lebens gefunden?

Niemand sollte verdrängen, dass es in einer solchen Situation zunächst um ganz lebenspraktische Fragen geht! Da stürzen

Lebensentwürfe wie Kartenhäuser zusammen. Auch finanzielle Sicherheiten werden radikal infrage gestellt.

Der Mann meiner besten Freundin erhielt mit 44 eine Krebsdiagnose. Er hat anfangs noch ganz pragmatisch die Behandlungsmöglichkeiten durchdacht, sie aber hatte längst realisiert, dass es um etwas Endgültiges ging. Dreizehn Monate hat es gedauert von der Diagnose bis zu seinem Tod – eine immens belastende Zeit für das Paar, die Kinder, die Eltern und die anderen Angehörigen, das Umfeld der Familie. Ich habe sie sehr bewundert, sie alle haben das in der wohl bestmöglichen Weise bewältigt. Und doch, auch noch zehn Jahre später, sind alle geprägt von dieser Zeit, diesem Erleben. Das Gute ist, dass diese 13 Monate als bewusster Abschied gelebt werden konnten. Thomas hat schließlich ganz klar gewusst, dass es zu Ende geht. Er hat sich sehr bewusst verabschiedet und schließlich mit mir seine eigene Trauerfeier durchgesprochen. Es war ein sehr schwerer Abschied, eine tiefe Trauer. Aber es war gesagt worden, was zu sagen war, niemand blieb zurück mit dem Gefühl: Hätte ich doch noch …

Bis heute habe ich allerhöchsten Respekt davor, wie das Ehepaar und ihre Töchter mit dieser Herausforderung umgegangen sind. Es hat die Hinterbliebenen belastet und das tut es noch, keine Frage. Der frühe Tod des Ehemannes, des Vaters prägt das weitere Leben. Aber nichts wurde in dieser Familie verheimlicht oder totgeschwiegen, sondern die Lebenden haben miteinander über Schmerz, Zorn, Angst, Liebe und Trauer gesprochen.

Beklemmend ist doch, wenn todkranke Menschen scheu ausweichen, versuchen, sich unsichtbar zu machen. Wenn sie jede Einladung ablehnen, sich zu Hause verkriechen, niemanden mehr an sich heranlassen. Viel besser: Sie erscheint auf der Feier – schmal geworden, offensichtlich krank, aber die anderen beschwichtigen nicht, sie wissen, was los ist, doch reden sie mit ihr wie früher. Er kommt zum Schulelternabend, alle haben gehört, was los ist, aber niemand redet drumherum, sondern die Lage wird angesprochen. Es geht um Freiheit im Umgang mit dem Sterben. Wenn es möglich ist zu sagen: Ja, ich bin an Krebs erkrankt und weiß nicht, wie es weitergeht. Und gleichzeitig sagen zu dürfen: Aber lasst mich mal normal sein heute Abend und nicht zuallererst krank, ich bin jetzt hier einfach als Vater beim Elternabend, als Freundin auf dem Fest. Eine Begegnung auf Augenhöhe wünsche ich mir, nicht ein Zurückweichen oder diesen Mitleidsblick. Es entspannt alle Beteiligten, wenn nicht betreten geschwiegen und weggeschaut wird, sondern eine schwere Erkrankung, ein mögliches Sterben ausgesprochen werden kann, aber auch nicht einziges Thema sein muss. Für schwer kranke Menschen ist es auch eine Belastung, ständig auf die Krankheit reduziert zu werden. Eine Frau kann an Brustkrebs erkranken – aber trotzdem bleibt sie Professorin mit Interesse an ihrem Forschungsgebiet. Ein Mann kann nach einem Herzinfarkt mit hohem Risiko leben – aber er bleibt auch Fachmann auf seinem Gebiet und will nicht in die Ecke gestellt werden. Die Balance zwischen Offenheit für die lebensbedrohliche Situation und der Freiheit, nicht nur über sie definiert zu werden, gilt es zu finden.

Wenn die eigenen Eltern sterben

Am 1. Januar 2014 bin ich morgens früh mit dem ICE von Berlin nach Kassel gefahren. Dort hat mich meine Schwester abgeholt und wir sind zusammen mit dem Auto zu unserer dritten Schwester gefahren, bei der meine Mutter die letzten sechs Jahre gelebt hat. Sie war 91 und noch „recht gut beieinander", wie es so schön heißt. Im November hatte ich sie zuletzt besucht, sie war wieder kleiner geworden. Diesen Eindruck hatte ich bei meinen letzten Besuchen immer. Und sie rang ganz zuletzt um Zusammenhänge, Worte. Dies war neu, denn auch mit 91 hatte sie den Überblick behalten über die große Schar ihrer zehn Enkelkinder und fünf Urenkel, wusste, wo jeder war, telefonierte mit allen, sonntäglich auch mit ihrem jüngeren Bruder in Kanada, hörte Radio und las viel.

Ihr letzter Anruf kam zwei Tage vor Heiligabend, sie war leicht durcheinander. Ich versuchte mit ihr den Zusammenhang herzustellen, aber es war schwierig. Am Tag vor Heiligabend stürzte sie. Als meine Schwester sie fand, war sie bewusstlos. Sie kam ins Krankenhaus und sollte für die Schmerzbehandlung drei Tage dort bleiben. Ich versuchte, mit ihr zu telefonieren, aber sie war desorientiert und ein Gespräch kaum möglich. Meine Schwester, mein Schwager, auch ihre Kinder kümmerten sich rührend um sie. Aber als sie anschließend wieder nach Hause kam, wurde es nicht besser. Meine Schwester rief mich kurz vor Jahresende an und meinte, wir müssten jetzt wohl mit dem Ende rechnen.

Ich war in diesen Tagen auf Usedom an der Ostsee und las ihre Briefe, die sie mir vor vierzig Jahren in die USA geschrieben hatte: Ein Jahr lang jede Woche mindestens zwei! Sie schilderte ihren Alltag zwischen Arbeit und Versorgung meiner Großmutter und reagierte interessiert und liebevoll auf das, was ich ihr schrieb. Sie war nie geflogen und konnte sich schwer vorstellen, wie es da aussah „bei den Amerikanern". Aber durch ihr Interesse waren wir in intensivem Austausch, so wie sie es mit allen Töchtern und später mit ihren Enkelkindern hielt. Ihre Briefe zu lesen, während sie im Sterben lag, hat sie mir noch einmal sehr nahe gebracht. Ich bin auf gewisse Weise eingetaucht in diese alte Zeit, die für mich so lange zurückliegt.

Wie wunderbar ist es, solche Briefe, solche Erinnerungen zu haben, auf die du zurückgreifen kannst! Mich hat das fast beschämt, denn mit meinen Töchtern bin ich zwar viel über Telefon, Mail, SMS, Skype und WhatsApp in Verbindung. Aber Briefe? Ab und an schreibe ich eine Karte, ansonsten ist alles Medien überlassen, die nicht auf Dauer, auf Überdauern angelegt sind. Meine Mutter schaffte es, über Briefe nicht nur Kontakt herzustellen. Nein, die Adressaten sollten wissen, dass an sie gedacht wird, sie wurden mit in den Alltag zu Hause einbezogen. Es konnte auf gewisse Weise „mit-gelebt" werden. Und das tat nicht nur sie. Auch mein Vater, meine Schwestern, meine Tanten und Cousinen haben geschrieben. Beim Lesen hatte ich den Eindruck, sie wollten mich halten, weil ich allein war in der Fremde. Ob das auch die Erfahrung der Kriegsgeneration ist, die auseinandergerissen wurde: Briefe als Möglichkeit, einander nahe zu sein und das Warten auf handgeschriebene Post als tiefe Sehnsucht, in Verbindung zu treten mit den Liebsten?

Meine Mutter hat bis zu ihrem 90. Geburtstag geschrieben. Die Texte wurden kürzer, die Handschrift zittriger. Es fiel ihr immer schwerer und schließlich hat sie entschieden, dass ihre Danksagungen für die Glückwünsche zum 90. Geburtstag die letzten handgeschriebenen Grüße sein würden. Sie hat sich viel Mühe gegeben und Wochen dafür gebraucht. Aber auch danach sollten die Menschen, an denen ihr lag, weiterhin wissen, dass sie an sie dachte. So beauftragte sie meine älteste Schwester, allen auf ihrer Liste in ihrem Namen zum Geburtstag einen Gruß von ihr zu schicken. Eine anrührende Geste, die Verbundenheit nun auf neue Weise auszudrücken.

Wenige Tage vor ihrem Tod sagte meine Mutter zu einem meiner Neffen: „Ich nehme alles an, wie es der Herrgott vorgesehen hat. Es ist schön, so einzuschlafen." Das war ihre Lebenshaltung. Sie war in einer Familie aufgewachsen, die dieses tiefe Gottvertrauen besaß. Es hatte sie getragen, als sie als junge Krankenschwester in Berlin den Krieg erleben musste. Im März 1945 wurde das gesamte Krankenhaus nach Rügen evakuiert. Als die Sowjetarmee anrückte, floh sie von da mit dem Schiff nach Dänemark. Dort waren die Deutschen nicht willkommen, konnten aber auch nicht nach Norddeutschland, weil man in der britischen Besatzungszone nicht noch mehr Flüchtlinge aufnehmen wollte. Zudem wurden Krankenschwestern zur Betreuung der Flüchtlinge gebraucht. So folgten zwei Jahre in einem Internierungslager. In den Unterlagen habe ich einen Brief gefunden, in dem ihre Mutter, meine Großmutter, versucht, ihr eine Ausreise nach Deutschland zu ermöglichen. Es heißt vonseiten der dänischen Behörden am 12. April 1947: „Im Falle, dass die Flüchtlingsanzahl wesentlich reduziert wird, wird man eine entsprechende Anzahl von Schwestern freigeben können und wird dann auch auf Ihren Wunsch betr. Zurückschickung Ihrer Tochter zurückkommen." Da sind alle Seiten zu verstehen aus heutiger Sicht …

Ihr Gottvertrauen hat meine Mutter auch in dieser Zeit getragen. Sie hat die Lieder gesungen, die sie kannte, aus der Erinnerung Psalmen und Gebete gesprochen, das hat sie oft erzählt. Als sie endlich ausreisen durfte, war ihre alte Heimat in Hinterpommern unerreichbar, ihr Vater war auf einem Transport nach Sibirien verstorben. In Hessen wusste sie die Schwester ihrer Mutter in einem Forsthaus. Dort fand sie auch ihre Mutter und ihre drei Geschwister wieder. Sie lernte meinen Vater kennen, 1949 wurde geheiratet. Beide mussten hart arbeiten, um ein kleines Unternehmen aufzubauen. Vier Kinder wurden geboren, der Sohn starb kurz nach der Geburt. Meine Eltern haben ihre drei Töchter intensiv gefördert, damit sie alle Abitur machen und studieren konnten. Ein ständiger, jahrelanger Kraftakt. Auch in dieser Zeit war ihr der Glaube Halt. Sonntags um zehn Uhr brauchte sie den Gottesdienst als Kraftquelle im Alltag. Alle wussten das, alle haben es respektiert. Mein Vater achtete darauf, dass er rechtzeitig in der Tankstelle war, um sie „abzulösen". Uns Kinder hat sie so erzogen, dass wir selbst in der evangelischen Kirche, im christlichen Glauben Heimat fanden. Kirchgang, Kindergottesdienst, Posaunenchor – all das war selbstverständlich, die Zugehörigkeit zur Gemeinde war Teil des Lebens.

Nachdem unsere Mutter nach Krankheit und Tod des Ehemannes sowie dem Verkauf von Tankstelle und Werkstatt etliche Jahre als Gemeindeschwester gearbeitet hatte und in Rente gehen konnte, begann – nach der Kindheit – ihre schönste Zeit im Leben, wie sie oft sagte. Sie hatte nach dem Tod meines Vaters ein kleines Haus gebaut, das einen großen Garten hatte. Ihre zehn Enkelkinder liebten ihn: Eine Schaukel gab es, einen Sandkasten und Platz zum Spielen. 27 Jahre hat sie dort gelebt und alle Enkel aufwachsen sehen. Für uns Töchter war es ebenfalls wunderbar, sie als Unterstützung zu haben. Wenn es schwierig wurde mit Kind, Ausbildung und Beruf, sprang sie wie selbstverständlich ein. Manches Mal hat sie mich in schwieriger Situation „gerettet", wenn ich nicht wusste, wie ich es schaffen sollte mit den vier Kindern und dem Beruf. Ihren Glauben hat sie auch in dieser Phase gelebt. Ich sehe sie noch morgens am Tisch sitzen mit den Herrnhuter Losungen – ohne den Bibeltext fing ihr Tag nicht an. Und die Enkel und wir Töchter wussten, auch als sie immer weniger aktiv helfen konnte, hat sie weiter für uns gebetet. Allen in der Familie war das bewusst. Ein schönes Gefühl zu wissen, jemand betet für dich!

Als wir zu dritt an ihrem Sterbebett Abschied genommen haben, kamen mir die Tränen, so rund ihr Leben am Ende auch war und so lebenssatt sie sich in letzter Zeit gezeigt hatte. Ein endgültiger Abschied bedeutet immer auch tiefe Trauer. Wir haben „Befiehl du deine Wege" gesungen und ein Vaterunser gebetet. Es waren bewegende und kostbare Stunden, zu viert, als Familie mit so vielen Erinnerungen an gemeinsame Zeiten, an Höhen und Tiefen. Ich dachte: Wenn Menschen wüssten, wie gut ein solcher Abschied sein kann, hätten sie weniger Angst! Wir haben erzählt, gesungen und ab und zu wachte sie auf, immer kurz. Drückte eine Hand. Sprach uns mit Namen an. Sie war also ganz präsent zwischendurch und wusste, dass wir alle anwesend waren. Sie hörte zu, als wir langsam die Namen unserer Kinder nannten und sagten, dass alle an sie denken. Dann nickte sie und sagte: „Das weiß ich doch!" Es war erstaunlich, sie sagte immer wieder: „gut" und „wie schön", freute sich, als wir sagten, dass wir Schwestern zusammengesessen hatten, um alles zu regeln. Als ich zu ihr sagte: „Der liebe Gott wird den letzten Weg auch noch mit dir gehen", antwortete sie: „Ich weiß" und nickte.

Meine Schwester erzählte, dass unsere Mutter kurz vor ihrem Tod gesagt hatte: „Ich möchte heim." Sie fragte nach: „Zum Vater im Himmel?" und unsere Mutter sagte ganz klar: „Ja." Sie wollte gehen und sie wusste, wohin sie geht. Der Glaube, der sie ihr ganzes Leben getragen hatte, hat sie bis zum Ende gehalten.

Bevor sie Mitte Januar starb, konnte ich noch ein zweites Mal für zwei Tage bei ihr sein. Sie war, so spürte ich es, weiter weg als an jenem ersten Januartag, sprach manchmal durcheinander. Aber sie war zwischendurch auch kurz wach und klar. Meine Mutter zu sehen, ihre Hände zu streicheln, zu versuchen, ihr etwas Tee einzuflößen, einfach still dabeizusitzen, hat mir gutgetan und ich denke, ihr auch. Sie hat sich geborgen gefühlt im Haus meiner Schwester, umgeben von Menschen, die sie lieben. Diese Erfahrung hat eine tiefe Ruhe in mir ausgelöst. Eine Ruhe, die meine Mutter auch selbst ausgestrahlt hat. Sie hat uns alle mit viel Liebe und einem guten Gefühl zurückgelassen. „Wer so stirbt, der stirbt wohl" – das haben wir bei ihrer Beerdigung gesungen.

Ich bin meiner Schwester und meinem Schwager zutiefst dankbar, dass sie unserer Mutter ein solch ruhiges und geborgenes Sterben ermöglicht haben. Beide haben das gern getan, es war geradezu selbstverständlich für sie. Und sie waren am Ende auch bis zum letzten Atemzug bei meiner Mutter. Das tut gut zu wissen und war für sie auch der wichtige Abschluss einer intensiven Zeit der Begleitung. Aber für sie beide war es auch ein Kraftakt, das ist uns allen in der Familie bewusst. Sie haben damit nicht nur unserer Mutter, sondern auch uns Töchtern, allen Enkelkindern, Schwiegerkindern und Urenkeln diese Wahrnehmung ermöglicht: Sie ist in Frieden gegangen. Wir konnten miteinander um sie weinen und uns miteinander freuen an den guten Erinnerungen. Und an diesem Abschied, der sich in Frieden vollzog und Frieden hinterlassen hat – in der ganzen Familie.

Wenn eine Beerdigung überhaupt schön sein kann, dann war die Beerdigung meiner Mutter schön. Eine Tochter hat den Lebenslauf gelesen, eine die Ansprache gehalten, eine die Fürbitten übernommen, ein Schwiegersohn hat die Orgel gespielt, drei Enkel haben musiziert. Das Sterben war eingebettet in das Leben. Wir konnten alle traurig, bewegt, dankbar und auch getröstet zurückfahren an die Orte, an denen wir leben. Aber mein Schwager brachte ein Grundgefühl am Ende auf den Punkt: „Ab jetzt sind wir die älteste Generation"…

Immer geht mit dem Verlust der Eltern auch ein Gefühl der Entwurzelung einher. Du verlierst eine elementare Konstante im Leben. Vor allem Kinder, die früh ihre Eltern verloren haben, werden diese Geschichte ein Leben lang mitnehmen. Sie verlieren Halt, müssen ihren Weg ins Leben ohne Vater und Mutter erkämpfen. Eine Freundin von mir verlor mit elf Jahren ihre Mutter. Es wurde wenig darüber gesprochen, in der Landwirtschaft war nicht viel Zeit für Trauer und Angst. Bis heute ist der Verlust ihr Thema geblieben. Aber auch, wenn die Eltern alt sind und damit die Kinder, ist es ein besonderer Verlust.

Bis dass der Tod uns scheidet

Wer den Ehepartner, die Lebenspartnerin verliert, ist in einer besonderen Situation. Sie bringt nicht nur den Verlust eines geliebten Menschen, sondern beendet auch ein ganzes Lebensmodell. Aus dem „Wir" wird ein „Ich". Nach zwanzig, dreißig oder vierzig Jahren ist dies ein Einschnitt, den manche kaum verkraften. Aber auch bei jüngeren Paaren wird die Lebensplanung völlig auf den Kopf gestellt. „Wir wollten uns gemeinsam etwas aufbauen und zusammen alt werden!", sagte mir eine junge Frau, deren Mann bei einem Unfall ums Leben gekommen war. Wenn zudem Kinder da sind, muss das zurückbleibende Elternteil die volle Verantwortung fortan alleine tragen. Eine besonders hohe Belastung.

Manche trauern beim Verlust des Partners auch um verlorene Träume: die ungeborenen Kinder, die wir gemeinsam haben wollten und die nun nicht mehr zur Welt kommen werden. Das Haus, das wir bauen wollten, die Reisen, die wir geplant hatten, die Hoffnung, gemeinsam alt zu werden – all das stirbt mit. „Bis dass der Tod uns scheidet" – ich finde es gut, wenn Paare mit diesem Versprechen in eine Ehe gehen – mit dem Entschluss, wir wollen alles daransetzen, dieses Leben miteinander zu meistern. Gewiss, manche scheitern an diesem Vorsatz. Aber andere gehen den gemeinsamen Weg bis zum Ende.

Neben aller Belastung stellt sich am Sterbebett die Frage: Kann ich loslassen? Und irgendwann: Darf es auch eine neue Liebe, eine neue Beziehung geben?

Ich denke an eine Frau, die sehr lange getrauert hat. Jeden möglichen Partner stieß sie zurück, weil sie so sehr an ihrem verstorbenen Ehemann hing. Irgendwann fanden ihre Kinder und auch Freundinnen und Bekannte das langsam merkwürdig: So lange trauern, das kann doch nicht normal sein. Als sie dann aber überraschend einen neuen Partner fand, fragten sich zuallererst die Kinder: Muss das noch sein, in diesem Alter? Und auch das Umfeld reagierte nicht gleich mit Freude, sondern mit Skepsis: Passt das denn nun zusammen? Das ist für alle Seiten emotional nicht leicht zu bewältigen.

Witwe oder Witwer sein – die Bezeichnungen scheinen fast ausgestorben. Aber es ist auch heute ein besonderer Status. Vielleicht ist der Begriff so selten geworden, weil er einen Menschen geradezu defizitär beschreibt. Wer bin ich ohne meine Frau? Werde ich nur noch als „die Frau von" definiert? Wie der Tod des Partners oder der Partnerin in das eigene Leben, in die Zukunft integriert werden kann, das ist eine sehr schwere Frage, die nur individuell beantwortet werden kann. Gut gemeinter Rat ist da meist eher fehl am Platz: ∞

AUSVERKAUF IN GUTEM RAT

Ich habe aus traurigem Anlaß jüngst
So viel freundschaftlichen Rat erhalten,
Daß ich mich genötigt sehe,
Einen Posten guten Rat billig
Abzugeben.
Denn: so einer in Not ist,
Bekommt er immerfort
Guten Rat. Seltener Whisky.

Durch Schaden-Freunde
Wird man klug.
Sie haben für alles
Passenden Rat parat.
Für Liebeskummer und Lungenkrebs.
Für Trauerfälle und deren Gegenteil.
Denn Rat erspart oft Taten.
Befolgt der Freunde Un-Rat nicht!
Dann seid ihr wohl beraten.

Mascha Kalèko

Ars moriendi – Von der Kunst zu sterben

Im Mittelalter war von der *ars (bene) moriendi* die Rede, von der Kunst (gut) zu sterben. Dabei handelt es sich, so würden wir es heute formulieren, um „christliche Erbauungsliteratur", die den Menschen aufzeigte, was wichtig sei bei ihrem Sterben, um Höllenqualen zu entkommen. Es waren im Grunde „Sterbeanleitungen", die mitteilten, was noch zu tun sei: etwa die Beichte oder die letzte Kommunion. Wir mögen darüber lächeln, aber diese Hinweise waren hilfreich für viele, um vorbereitet in den Tod zu gehen. Die Reformatoren versuchten später, den Menschen die Angst vor der Hölle zu nehmen, indem sie klarmachten: Nicht das, was ich tue, ist entscheidend vor Gott. Das Entscheidende hat längst Gott selbst getan, mit der Zusage, dass mein Leben Sinn macht, auch wenn ich nicht immer so lebe, wie Gott es erwartet oder ich meinen eigenen Ansprüchen nicht gerecht werde. Trotzdem ist es gerechtfertigt, dass ich lebe. Aber auch den Reformatoren war wichtig, dass Menschen in Gottvertrauen sterben. Und so wurde ausführlich berichtet, wie Luther selbst in Gottvertrauen starb. Als sein letzter Satz ist übermittelt: Wir sind Bettler, das ist wahr.

Was daran bis heute bedeutsam ist: Wer die Kunst des Sterbens erlernt, weiß ja auch etwas über die *ars vivendi*, über die Kunst zu leben. Wenn ich an meine Mutter denke, dann fügt sich dies alles zusammen. Eine meiner Töchter sagte bei der Beerdigung: „Es ist so spürbar, dass alle hier sie geliebt haben, sie hat jedem das Gefühl gegeben, ein besonderer Mensch zu sein."

Als ich Kind war, habe ich meine Mutter oft sehr angestrengt und damit auch streng erlebt – aus heutiger Sicht nur allzu verständlich mit Blick auf all die Anforderungen, denen sie ausgesetzt war. Aber als sie älter wurde, hat sie mit der Zeit, die ihr zur Verfügung stand, im besten Sinne gewuchert. Sie hat anderen Zeit geschenkt, den Kindern und Enkeln, aber auch Menschen im weiteren Umfeld. Da sie immer weniger weggehen konnte, war sie da. Du konntest sie – abgesehen von ihren festen Schlafenszeiten – immer anrufen. Nie hat sie geklagt, sie hat sich über jeden Anruf gefreut. Sie hat so gelebt, dass alle später auf liebevolle Weise um sie getrauert haben, alle sie vermissen, alle sie in guter Erinnerung behalten werden.

Keine Frage, auch meine Mutter war nicht ohne Fehler. Der alte Ausspruch *de mortuis nihil nisi bene* – über die Toten soll nur das Gute gesagt werden, gilt natürlich. Traueransprachen, die reine Lobeshymnen sind und die Fehler und manchmal ja auch Verfehlungen eines Menschen nicht ansprechen, werden der Vielfalt des Lebens nicht gerecht. Und manches Mal lassen sie einen schalen Nachgeschmack zurück: Da wurde ein Leben „schöngeredet". Das ist für die Hinterbliebenen wenig hilfreich und realitätsfremd. In der Traueransprache für meine Mutter habe ich neben vielem anderen gesagt, dass sie durchaus nerven konnte mit mancher Angewohnheit. Aber dabei war ein Lächeln auf meinem und auch auf den anderen Gesichtern. Ja, ihre Schwächen waren bekannt. Wer hat denn keine Schwächen? Das Wichtige dabei ist, dass sie ihren Frieden mit allen hatte, selbst da, wo gesagt wurde: O nein, typisch Großmutter! Insofern hing das gute Sterben mit dem guten Leben zusammen.

Den Abschiedsschmerz kannten wir seit längerer Zeit: sie und wir. Wer den 90. Geburtstag feiert, setzt sich ebenso wie die Angehörigen mit dem bevorstehenden Abschied auseinander. Wir haben immer wieder mal darüber gesprochen, auch über die

Angst vor dem Tod, weil niemand weiß, wie er kommt. „Wenn ich wüsste, dass ich einfach einschlafen könnte, hätte ich keine Angst", sagte meine Mutter. Und dann gibt es diese Momente, in denen beide Seiten denken: Vielleicht ist es das letzte Mal, dass wir uns sehen oder uns hören. Jede Begegnung, jedes Gespräch, jede Korrespondenz wird zu einer besonderen Kostbarkeit, besonders wertvoll. Und das ist schön zu erleben. Es ist vielleicht das, was *ars moriendi* heißt und *ars vivendi* lehrt: die Kostbarkeit des Augenblicks bewusst wahrzunehmen.

Vom Abschiednehmen, Aushalten und Dabeibleiben

Matthäus berichtet in seinem Evangelium von der Kreuzigung Jesu: *Und es waren viele Frauen da, die von ferne zusahen; die waren Jesus aus Galiläa nachgefolgt und hatten ihm gedient; unter ihnen war Maria von Magdala und Maria, die Mutter des Jakobus und Josef, und die Mutter der Söhne des Zebedäus* (Mt 27, 55 f.).

Was Matthäus erzählt, hat mich immer wieder bewegt. Wie muss es gewesen sein zu erleben, dass der Mann, den ich als Mutter, Freundin, Begleiterin geliebt habe, auf so entsetzliche Weise stirbt? Woher haben sie die Kraft genommen, nicht wegzulaufen, sich irgendwo einzugraben, sondern da zu sein. Ihn anzuschauen. Ihm vielleicht Mut zuzusprechen. Oder ihn schlicht wissen zu lassen: Wir sind da. Wir lassen dich nicht allein, auch nicht auf diesem letzten, so entsetzlich schweren Weg.

Dieses Aushalten und Dabeibleiben kann eine schwere Belastung sein. Wann immer ich es erlebt habe, war es aber am Ende ein Segen – auch und gerade für die Zurückbleibenden! Kein Sterben gleicht dem anderen, das habe ich gelernt. Aber am

Ende war da immer ein Gefühl von: Sie hat es überstanden, gut für sie! Er ist den Weg gegangen, wir können loslassen. Ich kann nur dazu ermutigen, dabeizubleiben. Ja, das Sterben ist manchmal schwer, aber nicht automatisch und nicht immer. Es ist eben genauso individuell wie eine Geburt. Du hast Angst davor, aber am Ende bist du froh, dabeigewesen zu sein, es miterlebt zu haben. Und auch den Sterbenden nicht alleingelassen zu haben, diese Wegstrecke mitgegangen zu sein.

Als ich einmal bei einer alten Frau am Sterbebett saß, hat sie mir ein fröhliches Durcheinander ihres Lebens erzählt, in dem sie den Bogen von der Kindheit über die Gegenwart wieder in die Vergangenheit spannte. Daran war nichts beängstigend oder erschreckend, es war geradezu heiter, fast fröhlich. Sie hat manchmal gelacht in ihren Erinnerungen. Ich erinnere mich gern daran. An ihrem Bett zu sitzen war so völlig aus der Zeit. Es hatte nichts mit hier und heute zu tun, die Stunden an diesem Abend folgten einem anderen Takt.

Du solltest hingehen, wenn du weißt, dass ein Mensch, der dir wichtig ist, im Sterben liegt. Auch wenn die Umgebung uns manchmal einschüchtert, weil wir uns nicht auskennen in Krankenhäusern und Pflegeheimen; Apparate, Abläufe und sehr sachliche Räume uns abschrecken: Die Gespräche mit Kranken und Sterbenden haben oft etwas sehr Zartes, verlaufen meist ruhig und sind alles andere als beängstigend.

Das „aus der Zeit sein" hat eine gute Wirkung für uns alle, die wir ständig mit der Zeit zu ringen scheinen. Wenn es um „letzte Dinge" geht, werden andere Dinge so irrelevant, beliebig. Und auch für den sterbenden Menschen ist es gut, jemanden zu erleben, der zuhört, einfach nur die Hand hält; nicht vergessen zu sein. Viele haben Angst hinzugehen, Schwerkranke,

insbesondere Sterbende zu besuchen. Die Schwelle von Pflegeheim oder Hospiz zu überschreiten kostet vielleicht Mut. Aber es
lohnt sich, weil wir so Erfahrungen machen, die für unser Leben
tiefe Bedeutung mit sich bringen.

Vor einigen Jahren baten der Fotograf Walter Schels und die
Journalistin Beate Lakotta 26 unheilbar Kranke, sie in ihren letzten Tagen und Wochen begleiten und porträtieren zu dürfen.
Über ein Jahr entstanden die Bilder in Hospizen in Berlin und
Hamburg. Alle Porträtierten hatten explizit zugestimmt. Entstanden ist eine Reihe beeindruckender Bilder, die keine Angst
machen, sondern etwas von der Sanftheit, dem Frieden oder der
Erlösung zeigen, die der Tod auch bringen kann. Wer es wagt,
solche Bilder anzuschauen, kann davon etwas erahnen. Später sind die Aufnahmen auch in einem Bildband erschienen.[12]
Eine Ermutigung, hinzuschauen. Die Fotos rühren an, in ihnen
steckt eine große Intimität, finde ich. Was sie ausstrahlen, lässt
das erste Erschrecken bald weichen, es schlägt um in einen liebevollen, im besten Sinne angerührten Blick.

Als Jesus am Kreuz starb, gingen viele davon. Sie konnten es
nicht ertragen, den Menschen, den sie so sehr liebten, derart leiden zu sehen. Wer wollte das verurteilen? Einige aber blieben
tapfer dabei. Das war gewiss nicht leicht anzusehen, mitzuerleben. Gerade für seine Mutter nicht, denke ich mir. Aber es hätte
sich gewiss wie Verrat angefühlt, sich wegzuducken, davonzu-
gehen, ihn allein zu lassen in dieser entsetzlichen Situation.
Auch das erleben Angehörige bis heute: Ich kann nicht mehr,
aber ich will sie auch nicht allein lassen auf diesem letzten Weg.

---

12 Beate Lakotta, Walter Schels, Noch mal leben vor dem Tod. Wenn Menschen
sterben, München 2004.

Am Ende heißt das für mich: Es geht darum, den Abschiedsschmerz zuzulassen. Dabeisein tut gut, es hilft auch denen, die zurückbleiben. Es sind kostbare Momente, selbst wenn es wehtut. Abschiedsschmerz ist nicht leicht zu ertragen, aber er tut – so absurd es klingt – gut. Weil wir viel fühlen, was wir kaum noch zulassen in unserer Zeit. Weil wir weiterdenken – was Horizonte erweitert. Weil wir weinen – was erlaubt sein sollte, auch in einer rational-nüchternen Umgebung.

Von zurückbleibenden Sehnsüchten

Wärst du noch da – dann könnte ich dir manches erzählen! So gern hätte ich dir noch meinen Sohn gezeigt. Traurig, dass du die Konfirmation der Enkelin nicht mehr erleben konntest. Wie schön wäre es gewesen, dir das mitteilen zu können. Wenn ich dich nur noch einmal anrufen könnte! Sätze voller Sehnsucht nach Menschen, die wir geliebt haben, die uns fehlen.

Zum Abschiedsschmerz gehört das Wahrnehmen der Endgültigkeit. Nein, ich kann es nicht mehr erzählen, es dem anderen mitteilen, sie anrufen. Das ist definitiv vorbei. Eine harte Grenze für eine Welt, die grenzenlos sein will.

„Könnte ich dir das jetzt sagen!" Die gekappte Verbindung tut weh, da klafft eine Lücke und es gibt den Wunsch, sie zu überspringen. Viele Menschen sehen bestimmte Orte als prädestiniert an für die Gespräche, die noch zu führen wären. Für mich ist es mit Blick auf meine Mutter die Ostsee; wenn ich dort bin, denke ich oft an sie. Ich weiß, wie sehr sie die Ostsee geliebt hat. Hier ist sie aufgewachsen, dort fühle ich mich heute beheimatet und mit ihr verbunden.

An einen Abschied in Frieden erinnern wir uns gerne. Es gibt aber auch eine Sehnsucht nach Klärung, wenn Unfrieden zurückgeblieben ist. Der Zorn auf den Vater bleibt in einem Mann stecken, der sich davon nicht befreien kann, weil er ihn nie aussprechen konnte. Oder die Tochter steht am Grab und verzweifelt, weil sie keine Chance mehr hat, mit der Mutter zu besprechen, was sie so gerne geklärt hätte.

Abschiedsschmerz bedeutet auch den Schmerz, nicht mehr sagen zu können, was hätte gesagt werden sollen, nicht mehr fragen zu können, was du so gern wissen würdest. Es lässt viele hilflos zurück, wenn das Gegenüber fehlt, du keine Antwort mehr erwarten kannst. Andere haben das Gefühl, der verstorbene Mensch sei präsent in besonderen Situationen, an bestimmten Orten. Darüber wird selten gesprochen, weil es in einer Welt der Technik merkwürdig klingt. Gewiss, der Facebook-Account mag bleiben, das sind neue Aspekte mit Blick auf Sterben und Tod in unserer Zeit. Aber ich bin überzeugt, es gibt mehr zwischen Himmel und Erde, als wir erklären können. Und Gefühle haben eine große Kraft.

Erfahrungen außerhalb des Erklärbaren

Der Film „Wenn die Gondeln Trauer tragen" erzählt von einem Paar, das auf tragische Weise eine Tochter verliert. Der Filmkritiker Werner Faulstich schreibt: „Ihr [Lauras] abschließendes selbstbewusstes, in sich selbst gründendes Lächeln erklärt sich daraus, dass sie weiß, dass Tochter und Mann zwar tot sind, aber in einer anderen Dimension, gleichsam hinter der Glasscheibe, weiterleben."[13]

13 Werner Faulstich, Grundkurs Filmanalyse, München 2002, S. 173 f.

Der Film ist voller Andeutungen mit Blick auf Visionen, Vorhersehung und Parapsychologie. Er ist über 40 Jahre alt und doch bis heute faszinierend. Der Tod, Todesahnungen, Nahtoderfahrungen, sie sind anregend für die Fantasie. Auch in der RBB-Sendung war das ein Thema. Ein Mann schildert sein Erlebnis so:

„Ich hatte Anfang des Jahres einen Autounfall gehabt und bin ... Mir ist mit einer sehr hohen Geschwindigkeit auf der Autobahn ein Reifen geplatzt und bin über die Autobahn geschleudert und hab mich im Straßengraben zweimal überschlagen und bin unbeschadet aus dem Auto zwar ausgestiegen, hatte aber irgendwann in dieser Zeit das Gefühl, jetzt ist es zu Ende. Und die letzten Gedanken, die ich dann hatte, waren gewesen, ,Oh Gott, ich will noch nicht sterben', ich bin gläubig und dann setzte bei mir eine Ruhe ein und alles, was mir lieb und wichtig, wo man Angst hat davor, es loszulassen, rückte in den Hintergrund. Als ich dann zum Stehen kam, dachte ich ,du lebst noch'. Und habe aus dieser Unfallerfahrung mit rausgenommen, dass sterben eigentlich nicht schlimm ist, vielleicht weil ich auch keine Lasten mit mir rumtrage, die mich jetzt doll bedrücken würden oder Ängste oder so was. Ich hatte immer Angst vorm Tod, ganz große Angst, ich musste mit 8 Jahren meine Mutter weggeben, mit 30 meinen Vater, wurde alles nie verarbeitet so richtig im Kindesalter. Meine größte Angst war immer, meinen eigenen Kindern das auch zumuten zu müssen und habe aber festgestellt, dass sterben eigentlich nicht schlimm ist. Loslassen ist schlimm im Leben.“[14]

---

[14] Transkript der RBB-Sendung vom 19. November 2012. Das Transkript ist jeweils original übernommen, ohne sprachlich einzugreifen.

Immer wieder erzählen Menschen von solchen Wahrnehmungen zwischen Leben und Tod. Ich habe dabei noch nie gehört, dass es Schreckenserlebnisse waren. Oft werden Momente voller Schönheit, Freiheit, Erleichterung oder Unbeschwertheit beschrieben. Offenbar gibt es solche Grenzerfahrungen zwischen Leben und Tod, die uns zeigen, dass der Tod dann, wie der Hörer erzählte, den Schrecken verlieren kann, weil er eben am Ende nicht als Sieger dasteht.

Als Christin möchte ich das Sterben und das Leben nach dem Tod, an das ich glaube, Gott anvertrauen. Wie es aussehen mag, weiß ich nicht. Ich reihe mich damit ein in die Hoffnung, die schon die ersten Christinnen und Christen geprägt hat: *Wir warten aber auf einen neuen Himmel und eine neue Erde nach seiner Verheißung, in denen Gerechtigkeit wohnt* (2 Petr 3,13).

Noch bist du da – der Abschied von einem lieben Menschen tut weh. Und es tut gut, ihn bewusst zu erleben. Ich kann allen nur raten: Nehmt euch die Zeit! Drückt das nicht weg! Spürt dahin, wo es wehtut, erinnert euch, weint! Niemand muss „tapfer" sein in dem Sinne, dass Gefühle nicht sichtbar werden. Alle dürfen doch angerührt sein, wenn es um endgültige Abschiede geht. Wenn kein Wort mehr gesagt sein kann. Wenn auch das Ungesagte, ja vielleicht Unversöhnte stehen bleiben muss. ❧

MEMENTO

Vor meinem eignen Tod ist mir nicht bang,
Nur vor dem Tode derer, die mir nah sind.
Wie soll ich leben, wenn sie nicht mehr da sind?

Allein im Nebel tast ich todentlang
Und laß mich willig in das Dunkel treiben.
Das Gehen schmerzt nicht halb so wie das Bleiben.

Der weiß es wohl, dem gleiches widerfuhr;
– Und die es trugen, mögen mir vergeben.
Bedenkt: den eignen Tod, den stirbt man nur,
Doch mit dem Tod der andern muß man leben.

Mascha Kaléko

3 Verlorene Liebe ∾
Erinnerung und Trauer

Mein Vater starb, als ich 16 war. Damals hatte ich völlig unerwartet für ein Jahr ein Stipendium in einem Internat an der Ostküste der USA erhalten. Ich hatte als Fahrschülerin eher aus Zeitvertreib beim Warten ein Formular ausgefüllt, das in der Schule aushing. Daraufhin wurde ich für mich überraschend in das Konsulat in Frankfurt eingeladen und die Organisation ASSIST bot mir an, in das Internat Hotchkiss, Lakeville, Connecticut zu gehen. Zu zahlen waren lediglich die Flugkosten. Meine Eltern zögerten nur kurz, schnell sahen sie das als große Chance für mich. Aber viele Fragen blieben: Wie soll das finanziell gehen? Was brauchst du da? Was erwartet dich? Ein Jahr so weit weg ganz allein? Mich trieb die jugendliche Lust, Neues zu erleben, meine Eltern wollten dem nicht im Wege stehen. Also ging es los im Juli 1974, kurz nach dem Schuljahresabschluss der Klasse 10.

Diese Reise, das Jahr – es war eine ungeheure Herausforderung für mich, nahezu ein Kulturschock. Das Leben zunächst in der Familie und dann im Internat war gut, aber mir extrem fremd. Vor allem, weil dort ein derartiger Überfluss herrschte. Meine Eltern schickten mir liebevoll zehn oder zwanzig Dollar in Luftpostbriefen – für sie sehr viel Geld. In Amerika fand ich eine völlig andere Einstellung vor. Alle Mädchen schienen fürs Hockey begabt zu sein – ich hatte im Leben niemals Hockey gespielt, geschweige denn hatte ich Geld für die teure Ausrüstung. Als gefragt wurde, welche Sportart ich wähle, habe ich mich fürs Schwimmen entschieden, im nächsten Term fürs Radfahren – Schwimmen erforderte nur einen Badeanzug und die Ausleihe des Rades kostete mich nichts. Alle Jugendlichen schienen Sporttalente zu sein – ich fühlte mich völlig außen vor. Es ging – so empfand ich es damals – ständig um Basketball, Baseball und um das Ausgehen am Wochenende.

Die Stipendiaten saßen in der Regel an eigenen Tischen, so kam ich vor allem mit afroamerikanischen Mitschülerinnen und Mitschülern in Kontakt. Ihre Gefühle waren ebenfalls sehr ambivalent. Da war der Stolz, es geschafft zu haben, ein Stipendium in Hotchkiss bekommen zu haben, weil einer so gut Basketball spielen konnte. Aber die Familie lebt in ganz anderen Verhältnissen als die der meisten Mitschülerinnen. Freundschaften mit den wohlhabenden weißen Kids gibt es letztlich nicht. Da entsteht eine Form von Zynismus, die versucht, die Diskrepanzen zu bewältigen. Für mich war das alles irritierend und es war schwierig, den eigenen Weg zu finden. Aber ich schrieb fleißig nach Hause, dass alles ganz wunderbar sei. Und meine Eltern, meine Schwestern, meine Großmutter, sie schrieben freundlich zurück.

Anfang Januar 1975 rief mich der Bruder meiner Mutter an, er lebt mit seiner Familie in Kanada. Er sei vor Kurzem in Deutschland gewesen. „Weißt du eigentlich, wie schlecht es deinem Vater geht?" Meine Mutter hatte mich schonen wollen, mein Vater sich vielleicht selbst über den Ernst der Lage hinweggetäuscht. Aber mein Onkel machte unmissverständlich klar: Das war keine leichte Erkrankung, hier ging es um Leben und Tod.

Ich vertraute meinen Kummer dem Lateinlehrer an und er erwirkte bei der Schulleitung, dass mir ein Flug nach Deutschland ermöglicht wurde. Damals war mir das einerseits unangenehm – so viel Geld! Andererseits half es mir, eine Entscheidung zu treffen. Meine Mutter fragte sich später oft, wie wir das wiedergutmachen könnten. Heute weiß ich, dass mein Lateinlehrer, als er zu mir sagte „Fahr hin!", genau das Richtige für eine 16-Jährige tat. Das habe ich als Rat mitgenommen ins Leben: Wenn jemand mich fragt: „Meine Mutter, mein Vater, mein Bruder, meine Freundin liegt im Sterben – soll ich noch mal hinfahren?", sage ich: Ja, mach es, unbedingt! Vielleicht merkt es der Sterbende nicht mehr. Vielleicht ist sie nicht bei Bewusstsein. Aber es ist wichtig für dich, Abschied zu nehmen. Und was das amerikanische Ostküsteninternat betrifft, weiß ich heute auch: Für sie war das finanziell gar nicht so eine große Sache …

So fuhr mich mein Lateinlehrer mit meiner Zimmermitbewohnerin zum JFK-Flughafen nach New York und ich flog am 17. Januar 1975 nach Hause. Es war eine merkwürdige Situation. Einerseits Wiedersehensfreude nach Monaten des Getrenntseins. Andererseits mein Vater im Krankenhaus, ohne dass die Ärzte sagen konnten, ob er noch drei Tage, drei Wochen, drei Monate oder drei Jahre leben würde. Das Rückflugticket war für maximal zehn Tage ausgestellt, nicht umbuchbar. Mein Vater und meine Mutter rieten mir, zurückzufliegen, die Chance wahrzunehmen, die mir das Stipendium bot. Fünf Tage später landete ich also wieder in New York, fuhr weiter nach Connecticut.

Am 29. Januar klingelte morgens um sechs Uhr auf meinem Flur im Internat das Telefon. Irgendwie hatte ich es geahnt. Alle anderen schliefen noch auf unserem Mädchenflur, als ich zur Telefonkabine lief. Meine Mutter sagte mir, dass mein Vater gestorben sei. Ein erneuter Heimflug kam nicht in Betracht, damals war Fliegen sehr, sehr teuer. Und meine Mutter hatte ja recht; ich hatte meinen Vater noch in seinen letzten Tagen lebend gesehen, was nützte ich ihm bei der Beerdigung? Wir waren uns einig im Pragmatismus. Doch in der Schule habe ich niemandem vom Tod meines Vaters erzählt, weil ich dachte, ich hätte eine Fehlentscheidung getroffen. Ich hätte dableiben sollen…

All das habe ich verdrängt, das Leben ging weiter. Ich habe die Zeit in den USA ausgekostet, bin mit dem Greyhoundbus in den Osterferien bis San Francisco gefahren. In meinem Tagebuch, das ich seit 1968 geführt habe, schreibe ich nichts über den Tod meines Vaters. Erst fast vierzig Jahre später habe ich einen alten Umzugskarton geöffnet, in dem die Briefe lagen, die meine Eltern mir in die USA geschrieben hatten. Und ich habe geweint. Einerseits weil sie so liebevoll geschrieben haben, alle beide. Andererseits weil so vieles zwischen den Zeilen unausgesprochen blieb. Über Trauer wurde nicht geschrieben, es ging darum, wie es nun weitergehen kann. Mein Gefühl im Nachhinein ist, dass Trauer keinen Raum und keine Zeit fand. Meine Eltern wollten schlicht das Beste für ihre Kinder. Sie wollten sie nicht belasten, die Wege in die Zukunft nicht verdunkeln. Es war pure Liebe, die aus ihren Briefen und ihrem Ringen um den richtigen Weg herauszulesen ist.

Im Rückblick verstehe ich auch, wie schwer es für mich war, das zu verbinden: Dieses Ostküsteninternat mit seinen „rich kids", die alles hatten, schön, sportlich und eben reich waren – und das Leben in Stadtallendorf, wo meine Eltern um jede zehn Dollar rangen, die sie mir schickten – disparate Welten! Eine Lektion habe ich damals gelernt: Der schöne Schein sagt nicht viel. Ein Mädchen starb an Magersucht – damals noch eher unbekannt als Phänomen. Für alle war das ein Schock – sie war so schön, erfolgreich, scheinbar ein „It-Girl", wie es heute heißt. Warum sollte sie sich zu Tode hungern? Wir blieben alle mit Fragen zurück, es wurde darüber hinweggegangen. Sie war eben nicht mehr da.

Als Stipendiatin war ich wie gesagt vor allem mit anderen Stipendiaten zusammen, alle Afroamerikaner. Durch sie stieß ich auf die Texte und Audiomitschnitte von Martin Luther King. Seine Reden, seine Visionen waren begeisternd und tröstlich zugleich. Im Rückblick denke ich, dass mich die Abschlussarbeit, die ich über ihn schrieb, massiv beeinflusst hat. „I have a dream!" Mich begeistert das bis heute. Er hatte eine wunderbare Gabe, Frommsein und Politischsein zu verbinden. Mir wurde klar: Das gehört untrennbar zusammen. Und anders als Altbundeskanzler Helmut Schmidt meine ich nicht, dass Menschen, die Visionen haben, zum Arzt gehen sollten, sondern dass wir gerade diese Menschen besonders brauchen. Die Hoffnungsreden Martin Luther Kings bewegen mich zutiefst, obwohl ich natürlich weiß, dass auch er ein fehlbarer Mensch war. Aber wie sollte sich ohne Visionen die Welt verändern?

Mein Vater ist mir in der Erinnerung immer wichtiger geworden. Ich bin stolz auf ihn, wie er alles aufgebaut hat: Tankstelle, Werkstatt, Haus. Die Erziehung der drei Töchter, die Abitur machen und studieren konnten. Manche, die in intellektuellen Traditionsfamilien aufgewachsen sind, wissen solche Aufbauarbeit gar nicht wertzuschätzen. Ich habe höchsten Respekt davor – vor allem vor der Lebensleistung.

Ich habe auch höchsten Respekt vor meiner Mutter, die nach Vertreibung und Internierung in Dänemark alles tat, um neu anzufangen, nach dem Verlust von Heimat und Vater. Sie hat immer dafür gearbeitet, das kleine Unternehmen aufzubauen, musste verkraften, dass ihr drittes Kind, ein Sohn, kurz nach der Geburt starb. Natürlich gab es auch Konflikte mit meinen Eltern, es wäre nicht normal, wenn es sie nicht gegeben hätte. Aber insgesamt sind wir in unserer Familie alle immer respektvoll miteinander umgegangen. Das war mir ein Vorbild fürs Leben.

Und so kann ich mich in Liebe an meine Eltern erinnern. Es gibt Phasen, in denen sie mir sehr nahe sind. Dann lese ich alte Briefe, schaue Fotos an, spreche mit meinen Schwestern oder einem Onkel, einer Cousine darüber und das Vergangene bleibt Teil des Lebens. Die Konflikte treten in den Hintergrund, das Gute bleibt im Vordergrund.

Von der heilenden Kraft der Versöhnung

Im Prozess des Abschiednehmens von meiner Mutter ist mir neu bewusst geworden, wie wichtig es ist, dass wir die verstorbenen Lieben mitnehmen in unser Leben. Es gibt einen Kreislauf des Lebens, der Generationen. Meiner kleinen Enkeltochter möchte ich eines Tages von ihren Urgroßeltern erzählen. Natürlich machen Eltern auch Fehler. Das weiß ich für mich als Mutter sehr wohl. Es gibt Schuldgefühle, weil du denkst, du hättest mehr präsent sein sollen. Dies oder das hättest du besser machen können. Warum war ich nicht da, als das passierte? Und auch Kinder haben Gefühle von Versagen, fragen sich im Nachhinein, warum sie sich nicht mehr um die Eltern oder Geschwister gekümmert haben. Oder: Warum habe ich nie nachgefragt? Habe ich mich nicht genug interessiert, weil ich so beschäftigt war mit mir selbst?

Manche sagen: „Ich habe mit meiner Familie gebrochen" – aus meiner Sicht ist dies ein so traurig falscher Weg! Sich nicht erinnern zu wollen, die Wurzeln zu kappen, führt in die Irre. Du musst wissen, woher du kommst. Sei glücklich, wenn dir möglich ist, deine Wurzeln zu kennen. So sehr ich mich immer für die Möglichkeit von anonymer Geburt und Babyklappen eingesetzt habe, so sehr verstehe ich doch, dass Menschen ihre biologische Ursprungsfamilie kennen wollen. Und sei es nur, um sich in der Abgrenzung selbst zu finden!

Die Erinnerung an gemeinsames Erleben, an Wurzeln, an das Gute, das war, sie prägt unser Leben. Die Erinnerung an Menschen, mit denen wir aufgewachsen sind, ist ein kostbarer Schatz. Zu den „verlorenen Lieben" gehören ja viele. Die Welt meiner Kindheit schien mir voller Onkel und Tanten, die alle irgendwie mit Pommern zusammengehörten. Die einen lebten weit entfernt in Kanada, die anderen weniger weit entfernt in Wiesbaden. Aber es war die Familie, die Halt gab, Zusammengehörigkeitsgefühl, auch über die Entfernung hinweg. Für ein Kind, eine Jugendliche hat das große Bedeutung.

„Das Geheimnis der Versöhnung heißt Erinnerung" – das ist eine jüdische Weisheit, die mit Blick auf den Dialog von Juden und Christen nach der Shoah besonders zum Tragen kam. Aber sie trägt auch im persönlichen Leben, denke ich. Das gilt ebenso für den Glauben. Wir geben ihn weiter, manchmal gewisser, manchmal mit Fragen behaftet, aber er findet eine Spur in der Abfolge der Generationen. Als ich mit meinen Schwestern am Sterbebett meiner Mutter saß, hatten wir alle ganz eigene Emotionen. Aber wir konnten einstimmen in alte Lieder und Gebete, die wir im besten Sinne ererbt haben und die größer sind als wir selbst. Das haben unsere Eltern uns mitgegeben:

Halt im Glauben und Sprache durch die großen Texte der Bibel, Lieder des Gesangbuchs und Gebete der Tradition. Für das Erinnern spielt das eine große Rolle. Ich erinnere mich, wie ich – gefühlt stundenlang – die Verse von „Der Mond ist aufgegangen" am Bett meiner Kinder gesungen habe. Sie erinnern sich, wie ich in Schweden als Gute-Nacht-Geschichte jeden Abend ein Kapitel aus Astrid Lindgrens Buch „Die Brüder Löwenherz" gelesen habe und wie wir mitgefühlt haben bei dieser Geschichte. Ich erinnere mich, wie es an Weihnachten bei uns zu Hause war: Meine älteste Schwester las das Weihnachtsevangelium (Lk 2): *Es begab sich aber zu der Zeit (…)*. Meine zweite Schwester sagte das wunderbare Gedicht vom „Knecht Ruprecht" auf. Als Jüngste war mein Part das Gedicht: „Denkt euch, ich habe das Christkind gesehn." Alle drei Texte kann ich bis heute auswendig. Wie gut, wenn wir Texte, Lieder, Gebete mitnehmen können in unser Leben, sie weitergeben von Generation zu Generation! Sie geben Halt und helfen, in Grenzsituationen Worte zu finden! Wir geben etwas weiter, eine Spur bleibt.

Eine jüdische Legende erzählt auf wunderbare Weise, was das bedeuten kann:

Das Gebet

Ein Rabbiner durchquerte ein Dorf, ging in den Wald und dort, am Fuße eines Baumes, betete er. Und Gott hörte ihn.

Auch sein Sohn durchquerte dieses Dorf. Er wusste nicht mehr, wo der Baum war, und betete also an irgendeinem Baum. Und Gott hörte ihn.

Der Enkel des Rabbiners wusste weder, wo der Baum noch wo der ganze Wald war. Er ging zum Beten in das Dorf. Und Gott hörte ihn.

Der Urenkel wusste weder, wo der Baum war noch der Wald noch das Dorf. Aber er kannte noch das alte Gebet. So betete er zu Hause. Und Gott hörte ihn.

Der Ururenkel schließlich kannte weder den Baum noch den Wald noch das Dorf noch das alte Gebet. Er kannte aber noch die Geschichte und erzählte sie seinen Kindern. Und Gott hörte ihn.[15]

Trauer als prägende Lebenserfahrung

Noch einmal: Wer trauert, ist irgendwie „aus der Zeit". Da fragen dich andere: „Wie gehts?" und du überlegst. Sage ich jetzt, dass ich „in Trauer" bin? Ist das nicht viel zu kompliziert und muss ich da nicht viel zu viel erklären? Es ist so viel einfacher zu sagen: „Danke, gut" oder „Es geht schon wieder".

In früheren Zeiten haben Trauernde ein Jahr lang schwarze Kleidung getragen. Eine meiner Freundinnen wollte diese Tradition bewahren, sie hatte das Gefühl, es könnte ihr guttun, vielleicht auch andere für ihre seelische Situation sensibilisieren – aber es fiel niemandem auf! Schwarz zu tragen ist heute nicht auffällig. Meine Freundin hat damals nach drei Wochen aufgegeben. Früher war die schwarze Kleidung und auch das Trauerjahr ein guter Schutz. Andere haben damals kurz innegehalten: Ist sie

15 Jüdische Legende. Quelle: Kalender „Der Andere Advent 2013/14", 27. Dezember 2013, Verein Andere Zeiten, www.anderezeiten.de

nicht noch in Trauer? Es hat Behutsamkeit ausgelöst im Umgang mit Trauernden, denke ich. Und die lange Zeitspanne, ein ganzes Jahr der Trauer, macht Sinn. Trauernde erleben das bis heute so: Das erste Weihnachten ohne ihn. Der erste Geburtstag, an dem sie nicht da ist. Zum ersten Mal Ostern nicht bei ihm. Der erste Sommer ohne Urlaub miteinander. Wenn sich alles einmal gejährt hat, sind die meisten seelischen Täler auch einmal durchschritten und das Leben kann neu Einzug halten.

Trauer ist nicht nur ein Zustand, den wir möglichst schnell überwinden sollten! Nein, Trauer ist eine wichtige Lebenserfahrung, die uns Tiefe gibt. Die Ungeduld der anderen kann dabei massiv sein: Nun muss es aber mal gut sein! Nach fünf Jahren immer noch trauern – das wirkt aber langsam merkwürdig. Der Betroffene macht auf diese Weise leider oftmals die Erfahrung, Außenseiter zu sein, dies führt zu Sprachlosigkeit. Ich traue mich dann einfach nicht mehr zu sagen, dass ich immer noch trauere! Angst, Verzweiflung, Schmerz – das sind scheinbar so unproduktive Gefühle in einer wirtschaftlich fixierten Welt.

Die neuere Forschung hat festgestellt, dass für den Trauerprozess insgesamt eine frühzeitige Begleitung entscheidend ist. Viele Menschen erleben tiefe Krisen, in denen sie die ursprüngliche Trauersituation noch einmal nachempfinden müssen, weil sie in der Situation selbst nicht gut begleitet, die Gefühle durch den Druck der notwendigen Aktivitäten zur Seite geschoben wurden oder gar eine Medikamentierung es unmöglich gemacht hat, die Trauer und den Schmerz akut und bewusst zu empfinden.

Kerstin Lammert hat hierzu eine umfassende Studie vorgelegt, mit der sie dafür plädiert, dass Trauerbegleitung schon am Sterbe- bzw. Totenbett beginnt. Sie erklärt, dass Trauernde schon ganz früh begleitet werden müssen: „Welche Erfahrungen hier gemacht werden und wie der Einstieg in den Trauerprozess hier gelingt oder misslingt, hat signifikante Bedeutung für den weiteren Verlauf der Verlustbewältigung."[16]

Das bestätigt, wie entscheidend es ist, den Abschied vorzubereiten, ob zu Hause, in der Pflegeeinrichtung, im Krankenhaus oder im Hospiz. Behutsam mit dem Sterben umgehen, den Angehörigen Zeit und Raum geben, keine abrupten oder versagten Abschiede, sondern bewusstes a dieu-Sagen im wahrsten Sinne des Wortes – das wird Angehörigen helfen, mit der Trauer zu leben und nicht auch noch darum zu trauern, sich nicht angemessen, wie erhofft oder wie nachträglich ersehnt Abschied genommen zu haben.

Nunc dimittis

Als junge Pfarrerin bat mich ein Angehöriger, das „nunc dimittis" bei der Trauerfeier singen zu dürfen. Es hat etwas gedauert, bis mir klar wurde, was er meint. Im Neuen Testament (Lk 2, 25–30) wird von dem alten Simeon erzählt. Es heißt: *Und siehe, ein Mann war in Jerusalem, mit Namen Simeon; und dieser Mann war fromm und gottesfürchtig und wartete auf den Trost Israels, und der Heilige Geist war mit ihm. Und ihm war ein Wort zuteilgeworden von dem Heiligen Geist, er solle den Tod nicht sehen, er habe denn zuvor den Christus des Herrn gesehen. Und er kam auf Anregen des Geistes in den Tempel. Und als die Eltern das Kind Jesus in den Tempel brachten, um mit ihm zu tun, wie es Brauch ist nach dem Gesetz, da nahm er ihn auf seine Arme und lobte*

---

16 Kerstin Lammert, Den Tod begreifen. Neue Wege in der Trauerbegleitung, Neukirchen 2003, S. 223 f.

Gott und sprach: Herr, nun lässt du deinen Diener (Nunc dimittis servum tuum Domine) in Frieden fahren, wie du gesagt hast; denn meine Augen haben deinen Heiland gesehen …

Nunc dimittis – dies heißt übersetzt *nun lässt du gehen* oder auch *fahren dahin*. Der alte Simeon hatte gewartet. Auf ein Zeichen, auf Trost, letzten Endes auf Gott. Als er den kleinen Jesus sieht, begreift er, dass er in ihm Gott begegnet. Und er kann in Frieden gehen. Keine Fragen mehr, Lob Gottes, innerer Friede.

Trost finden

Trauer und Trost gehören zusammen. Und Trost ist nicht banal. Gewiss, manchmal fehlen uns die Worte. Dann können wir mit anderen die Trauer nur aushalten, da sein, eine Hand halten, jemanden in den Arm nehmen. Viele haben heute Angst, vor anderen zu weinen. Ich finde, weinen zeigt Menschen menschlich, macht erfahrbar, dass wir Gefühle haben und nicht nur funktionieren.

Wichtig ist, dass Menschen, die Abschied nehmen müssen, sagen dürfen, was ihnen jetzt guttun würde, ohne sich zu rechtfertigen. Die eine möchte vielleicht Ablenkung – ins Kino gehen, etwas unternehmen. Andere möchten reden, erzählen, loswerden, was als Last so schwer auf dem Herzen liegt. Wieder andere wollen gern gemeinsam Fotos anschauen und so miteinander teilen, was das Leben mit dem geliebten Menschen ausgemacht hat. Auch das braucht Zeit und Raum und die Freiheit, offen zu sagen, was wichtig ist.

Menschen können trösten; Erinnerungen, Gespräche und Orte können trösten. Ein Spaziergang kann Trost vermitteln, auch Bilder können das. Für manche spendet die Katze, die sie streicheln können, der Hund, der Zuwendung gibt, Trost. Meine Erfahrung ist vor allem: Der Gang in eine Kirche, ein Gebet, das Entzünden einer Kerze kann trösten. Es geht darum zu spüren, was der Trauernde, von Abschiedsschmerz bedrückte Mensch jetzt gerade braucht. Und das hat dann seinen Sinn. Auch Texte können trösten: ∞

Wenn dir jemand erzählt,
dass die Seele mit dem Körper zusammen vergeht
und dass das, was einmal tot ist,
niemals wiederkommt, so sage ihm:
Die Blume geht zugrunde,
aber der Same bleibt zurück
und liegt vor uns, geheimnisvoll
wie die Ewigkeit des Lebens.

Khalil Gibran (1883–1931)

4 Erde zu Erde ✽
Bestärkende Rituale

Die Beerdigung meiner Mutter hat mich sehr bewegt. Du kannst 55 Jahre alt sein und deine Mutter 91 – trotzdem ist es ein fundamentaler Abschied. Gott sei Dank konnten meine Schwestern und ich alles in Ruhe besprechen und vorbereiten. Und die Rituale unseres Glaubens haben uns dabei getragen und gehalten. Wir haben miteinander geweint und gelacht, gebetet und gesungen. Wenn bei der Trauerfeier einer die Stimme brach, sangen die anderen weiter.

Auch wenn wir vorbereitet waren: Entscheidungen sind bei einer Beerdigung immer zu treffen. Beispielsweise: Blumen oder Geldspende für einen guten Zweck? Die Spende ist eigentlich ein guter Impuls. Aber wir haben uns anders entschieden und ich bleibe froh darüber. Meine Mutter liebte Blumen, sie hat sie stets gepflegt und gehegt. Als die Kränze ankamen – eine Farbe für jede Familie der drei Töchter, eine Sargbedeckung in der Mischung aus allen drei Farben – das war ein freudiger, schöner und anrührender Anblick. Dazu kamen der Kranz der Förster in unserer Familie, mit Tannenzapfen geschmückt, sowie kleine Gestecke und Schalen. Das alles war tröstlich-feierlich, ja das Gesamtbild so freundlich, wie meine Mutter uns auf ihrem Foto entgegenlachte. Das ist eine schöne neue Tradition, finde ich, ein Foto der Verstorbenen aufzustellen. Meine Schwester hat ein ganz besonderes herausgesucht und wir schauten nicht nur auf den geschlossenen Sarg, sondern eben auch auf dieses Bild mit ihrem Lächeln. Und als ich das uralte Ritual als Pfarrerin vollzog: „Erde zu Erde, Asche zu Asche, Staub zum Staube", da schien es mir passend. Die Blumen, die Erde, der Baum, unter dem das Grab liegt, das hatte eine heilsame Anmutung, auch wenn wir geweint haben. Meine Schwester sagte: „Das Geld für die Blumen vergisst du, den Anblick werden wir nicht vergessen." Sehr wahr!

Nach der Beerdigung saßen wir zusammen, haben nach dem Schneetreiben auf dem Friedhof eine warme Suppe gegessen und uns erinnert. Vor allem die Enkel haben erzählt, was sie erlebt haben mit ihrer Großmutter. Es wurde spürbar, wie meine Mutter sie alle begleitet hat. Die Trauer war von viel Liebe erfüllt, von Dankbarkeit vor allem. Es wurden ein paar Fotos gemacht. Am Ende gab es auch ein Foto von uns drei Schwestern mit unseren Enkelkindern, fünf sind es jetzt an der Zahl. Ein schönes Symbol: Das Leben geht und das Leben kommt. Wir sind alle getröstet durch die Liebe zur Verstorbenen und die Gemeinschaft der großen Familie wieder auseinandergegangen, zurück zu den Orten, an denen wir leben und zurück in den Alltag, in dem jeder und jede mit der Trauer weiterleben muss.

Doch, eine Trauerfeier kann anrührend und in gewissem Sinne „schön" sein. Aber dazu gehören auch Vorbereitung, Gespräche miteinander, ein Hinhören: Was ist dem einen wichtig, was der anderen? Worauf können wir uns einigen? Welche Lieder und Texte liegen uns am Herzen, was ist zu berücksichtigen, woran sollten wir denken mit Blick auf den Verstorbenen, was hätte ihn gefreut, was ist für die wichtig, die kommen?

Von stützenden und zu bewahrenden Ritualen

Wer kennt die Rituale noch, die das Sterben, den Tod begleiten? Wir sollten sie dringend weitergeben oder auch neu lernen!
Denn gerade in Situationen von Angst, Schmerz und Leid helfen
sie uns wie Geländer, an denen wir uns Schritt für Schritt vor-
antasten. Diejenigen, die weiterleben, müssen diese Schritte des
Abschieds gehen. Und es hilft uns, wenn wir sie kennen. Sie geben uns Sicherheit.

Als wir in Soest im Anschluss an die Trauerfeier für Heinz
Zahrnt in einem langen Menschenzug von der Kirche zum Friedhof gingen, kam uns ein Auto entgegen. Aus meiner ersten Gemeinde kannte ich es, dass ein Auto selbstverständlich an die Seite
gefahren wäre und den Motor abgestellt hätte. Das war eingeübt,
Ritual eben. Der Fahrer wusste dort auf dem Land, wie es sich
in solch einer Situation zu verhalten gebührt – eine respektvolle
Handlung. In Soest aber drückte der ungeduldige Autofahrer auf
die Hupe! Ähnlichen Verlust an einem eigentlich selbstverständlichen, pietätvollen Verhalten habe ich auch andernorts erlebt.

Kommt ein Beerdigungszug, halten die Menschen normalerweise inne, Männer nehmen den Hut ab aus Respekt vor dem
Toten, den Trauernden. Als wir in Berlin einen Freund beerdig-
ten, ging direkt nebenan das Gerede und Grabverschönern un-
unterbrochen weiter. Gut, mancher mag das als Normalität der
Freiheit gegenüber dem Zwang der Normen ansehen. Aber es ist
auch ein rastloses Kreisen um die eigenen Themen und am Ende
sicherlich schlicht Unsicherheit: Wie verhalte ich mich richtig?

Dabei können die Rituale kulturbedingt auch sehr unterschiedlich sein. Als ich zum Trauergespräch zu einer evangelischen Familie kam, die aus Russland stammt, stand der offene Sarg mit dem Großvater aufrecht im Zimmer. Ich war überrascht, aber sie meinten, das sei ihre Tradition, der Verstorbene müsse anwesend sein, wenn über ihn und seine Beerdigung gesprochen wird. Das habe ich nie vergessen, weil es so eindrücklich war. Und ein wenig auch zum Schmunzeln, finde ich. Von Befangenheit gegenüber dem Toten jedenfalls war keine Spur ...

Rituale helfen im Angesicht des Todes. Immer wieder habe ich erlebt, wie sie uns Halt geben, wenn wir nicht wissen, was zu sagen oder zu tun ist. Und zu diesen Ritualen gehören Texte, Lieder und Gebete. Manches Mal hätte ich stumm bleiben müssen, wenn mir nicht die Worte anderer, ein Psalm oder ein Gebet wieder zu Stimme verholfen hätten.

Ja, Rituale sind Geländer, an denen wir uns in Zeiten des Umbruchs festhalten können. Aber es ist auch von Bedeutung, dass wir sie uns aneignen, damit wir die Spielräume, die sie uns bieten, wirklich füllen und individuell gestalten können. Deshalb finde ich es richtig, Trauerfeiern zu besuchen, auch bei Menschen, die uns nicht ganz so nahestanden. Eine gute Tradition ist es bis heute auf Dörfern, dass die Nachbarn mitgehen; eine große Schar, die die unmittelbaren Angehörigen begleitet. Rituale werden gemeinsam gepflegt und wenn wir sie kennen, machen uns auch Beerdigungen weniger Angst, weil die Unsicherheit nicht so groß ist.

Aussegnen

Viele haben Angst, Sterbende bei sich zu Hause zu behalten. Wird er hier wirklich gut versorgt werden können? Wann muss ich einen Arzt holen? Was ist, wenn sie nachts plötzlich große Schmerzen bekommt? Wie kann ich mit der Situation umgehen? Und wie war das noch, wie schließe ich einem Toten am Ende die Augen?

In dem Dorf, in dem ich Pfarrerin war, wussten die Menschen das noch: Gurkenscheiben oder Münzen werden auf die Augenlider gelegt. Und auf dem Land ist es auch heute nicht ungewöhnlich, Menschen nach dem Eintritt des Todes noch einige Zeit zu Hause aufzubahren. Manchen tut es gut, noch in Ruhe Abschied vom Verstorbenen zu nehmen, den Toten selbst zu waschen und für die Beerdigung anzukleiden.

Aber es gibt auch ein tiefes Erleben von Distanz! Der tote Körper ist eben nicht mehr der Mensch, den wir kannten. Und deshalb ist es auch verständlich, wenn Angehörige nicht noch eine Nacht mit dem verstorbenen Angehörigen im Haus verbringen wollen, sondern froh sind, wenn der Bestatter bald nach der Ausstellung des Totenscheins durch einen Arzt zu Hilfe kommt. Auch in dieser Situation gilt: Ich selbst darf fühlen: Womit geht es mir jetzt gut? Es geht nicht darum, dass wir jemandem oder irgendwelchen Ansprüchen gerecht werden müssen. Es ist wichtig, dass zugelassen werden kann, was im Moment richtig erscheint, ohne Angst davor haben zu müssen, dass es verurteilt werden könnte. Menschen empfinden sehr unterschiedlich. So erzählt eine Frau, dass ihre Schwägerin am offenen Sarg mit ihrem Vater in eine Art Dialog trat und sie selbst das sehr irritierte, weil sie dachte: Aber er ist doch tot, seine Seele ist gar nicht mehr anwesend. Am offenen Sarg werden manche stumm, andere reden. Da prallen Wahrnehmungen und Emotionen aufeinander. Auch das gilt es auszuhalten, miteinander zu tragen.

Ich habe schon davon erzählt, will den Gedanken hier aber noch einmal aufgreifen: Der Mann meiner besten Freundin starb nach schwerer Krebserkrankung, 13 Monate nach der Diagnose, in seinem eigenen Bett. Seine Frau und ihre beiden Töchter waren bei ihm. Als ich am nächsten Tag dazukam, war er noch zu Hause. Alles war auf wunderbare Weise vorbereitet: Ein Kerzenmeer war entzündet worden, die Kinder waren da, seine Eltern, sein Bruder mit Frau, ihre Schwester. So konnten wir ihn in großem Frieden mit dem im evangelischen Gesangbuch vorgesehenen Gebet (EG 950) und dem Vaterunser aussegnen. Anschließend haben wir Kaffee getrunken. Der Beerdigungsunternehmer kam und hat Thomas sehr sensibel „eingesargt". Dann fuhr er mit ihm vom Hof. Es war ein ruhiger Abschied aus seinem Haus.

Den Anblick, die Situation, die Gefühle werde ich nie vergessen. Das sind existenzielle Momente. Eine Familie zerbricht, weil der Tod eindringt in die vermeintlichen Gewissheiten. Kinder werden zu Waisen, eine Frau zur Witwe. Und mir war ganz klar: Hier wird nichts mehr so sein, wie es war. Ganz zu schweigen von den finanziellen Herausforderungen, die sich am Horizont abzeichnen, an die in einer solchen Situation aber noch niemand denken mag. Wie soll es denn weitergehen ohne ihn?

Auch der Anblick meiner toten Mutter ist mir lange nachgegangen. Sie sah so anders aus, so klein und eingefallen. Meine Schwester hatte dem Bestatter ihre Lieblingssachen zum Ankleiden gegeben, ihr zuletzt noch die Brille aufgesetzt. Ich konnte ihr noch fünf Muscheln von der Ostsee, die sie so sehr liebte, in den Sarg legen, ihr das Halstuch richten und die kalte Wange streicheln. Es war nur noch die Hülle des Menschen, der sie gewesen war, so habe ich das empfunden. Persönlich bin ich froh, meine Mutter noch einmal gesehen zu haben, bevor ich den geschlossenen Sarg ausgesegnet habe. Es war bei aller Fremdheit ein friedlicher Anblick. Und so friedlich habe ich die Toten immer erlebt. Nach allen Kämpfen des Lebens, allem Ringen, strahlten sie am Ende eine tiefe Ruhe aus. Fremd schon, die Hülle nur noch, aber nicht beängstigend.

Viele haben Angst vor einem Abschied am offenen Sarg – und ich kann die Zerrissenheit auch verstehen. Da ist eine Befangenheit, den Menschen, mit dem wir gelebt haben, nun tot zu sehen. Es gibt ein natürliches Zögern, den Raum zu betreten, eine Hemmung, weil wir nicht wissen, was uns erwartet. Und doch ist es das letzte Bild, das in der Regel gar nicht beunruhigend wirkt. Beate Lakotta schreibt: „Ich habe mir meinen Vater nicht mehr angeschaut. Eine Erklärung habe ich dafür nicht. Ich kann nicht einmal sagen, dass ich Angst vor diesem Anblick gehabt hätte. Ich war damals 26. Vielleicht hatte ich einfach nur nicht begriffen, dass sein letztes Gesicht ebenso zu ihm gehörte wie meine Erinnerung an seine angestrengten Atemzüge und seine Finger, die sich auf der Bettdecke bewegten, als wollten sie Fäden spinnen. Heute fehlt mir dieses letzte Bild."[17]

In der Folge hat Beate Lakotta gemeinsam mit dem Fotografen Walter Schels ein eindrückliches Buch unter dem Titel: „Noch mal leben vor dem Tod" gestaltet[18], das ich zuvor schon erwähnte. Sie haben 26 Menschen, natürlich mit deren ausdrücklichem Einverständnis, porträtiert: Ein Foto wurde vor ihrem Tod gemacht, eines danach. Ich finde diese Fotos ungeheuer anrüh-

17/18 Beate Lakotta, Walter Schels, Noch mal leben vor dem Tod, München 2004, S. 7.

rend, weil die Verstorbenen nahezu alle ruhiger, ja erlöster aussehen als die Lebenden. Beängstigend sieht keiner der Toten aus, eher zart, schmal, verletzlich.

„Mein Beileid" – Sprachlosigkeit überwinden

Als ein Bekannter eine schwere Krebsdiagnose hatte, habe ich ihn angerufen. Er war der Kirche und dem Glauben nicht besonders verbunden. Obwohl ich zunächst zweifelte, ob es richtig ist, beschloss ich unser Telefonat mit dem Satz: „Ich wünsche dir von Herzen Gottes Segen." Später sagte mir seine Frau, er habe so sehr darauf gewartet, dass ich ihm Segen zuspreche. Das hat mich überrascht. Ich hatte eher gedacht, das könnte aufdringlich erscheinen – ich wieder mit meinem Glauben.

Diese Erfahrung hat mich gelehrt, nicht zu unterschätzen, welche Kraft solche Sätze haben, wie sehr manche auf diese Kraft warten, auf Überzeugungen und Haltungen des Glaubens! Und es hat mich gelehrt, wie Menschen sich dem Glauben, in dem sie aufgewachsen sind, wieder annähern, wenn sie mit Sterben und Tod konfrontiert sind. Sie spüren und erleben, dass er ihnen etwas geben kann, was ihnen in Zeiten von Gesundheit und Lebenskraft nicht notwendig, nicht relevant erschien, schlicht nicht gegenwärtig war.

Ein Vater erzählte mir, er sei in die Kita gekommen, die Erzieherin war zuvor einige Tage weg gewesen, und er habe sie gefragt warum. Sie habe erklärt, ihr Vater sei gestorben. Und er wusste nicht, was er sagen sollte. „Herzliches Beileid" habe ihm zu banal geklungen, das sei doch nur eine Floskel. So ging er mit einem kurzen Gruß davon.

Aber wäre nicht ein solcher Satz besser gewesen, als gar keine Reaktion zu zeigen? Verlassen wir uns ruhig auf alte Formeln und Rituale, was spricht denn dagegen? Sie sind so viel besser als nichts, als Schweigen, als Befangenheit und Hilflosigkeit! Und sie können eine Brücke bauen, hin zu neuem Gespräch und Miteinander.

Auch nach dem Tod meiner Mutter sagten diejenigen, die davon erfahren hatten, aber mir nicht besonders nahe stehen: „Mein Beileid." Ja, manche finden so etwas banal, ich finde es gut. Die Worte sind ein Ritual, um in einer besonders existenziellen Situation etwas auszudrücken. Spontane Betroffenheitsbekundungen sind in solchen Momenten schwierig, Beileid ausdrücken, das ist schlicht eine Bekundung von Respekt. Es tut anderen leid, weil sie ahnen, die Mutter zu verlieren ist schlimm. Viel mehr wissen sie auch nicht, aber sie nehmen wahr, da ist eine besondere Lebenssituation.

Auf jeden Fall plädiere ich für die Beileidsbekundung. Sie hilft, die Sprachlosigkeit zu überwinden und wieder in Kontakt zu kommen nach einem schweren Verlust. Sie holt die Lebenden wieder in ihre Zusammenhänge, baut eine neue Gesprächsbasis auf. Menschen können damit ausdrücken, dass sie ahnen: Hier ist Trauer und Schmerz. Morgen sehen wir uns wieder, auf der Straße, beim Einkaufen, in der Post, am Bankschalter. Das Beileid bekundet zu haben, eröffnet neue Gesprächsthemen. Die übliche Frage nach dem Wetter aber durchaus auch: „Wie geht es Ihnen nach der Beerdigung?" Das Thema wird nicht tabuisiert, sondern ist Teil der Beziehungen, seien sie auch noch so lose.

Sich mitteilen

Traueranzeigen verändern sich. Früher fanden sich darin in der Regel ein Bibelvers, die Lebensdaten des oder der Verstorbenen, die Namen der Hinterbliebenen und ein Hinweis auf Ort und Zeit der Beerdigung. Das hatte ganz sachliche Gründe. Das Umfeld wurde informiert über den Todesfall und den Zeitpunkt der Trauerfeier. Nachbarn konnten überlegen, wer mit wem zur Beerdigung geht, Blumengestecke oder Kränze wurden bestellt, Beileidskarten geschrieben.

Manchmal lösen Traueranzeigen auch Fragen aus. Wunderbar hat das Kurt Marti in Worte gefasst:

dem herrn unserem gott
hat es ganz und gar nicht gefallen
daß gustav e. lips
durch einen verkehrsunfall starb

erstens war er zu jung
zweitens seiner frau ein zärtlicher mann
drittens zwei kindern ein lustiger vater
viertens den freunden ein guter freund
fünftens erfüllt von vielen ideen

was soll jetzt ohne ihn werden?
was ist seine frau ohne ihn?
wer spielt mit den kindern?
wer ersetzt einen freund?
wer hat die neuen ideen?

dem herrn unserem gott
hat es ganz und gar nicht gefallen
daß einige von euch dachten
es habe ihm solches gefallen

im namen dessen der tote erweckte
im namen des toten der auferstand:
wir protestieren gegen den tod von gustav e. lips

Heute verzichten viele gänzlich auf Traueranzeigen. Warum? Weil der Tod eine sehr private Angelegenheit geworden ist, die im engsten privaten Raum stattfindet? Vielleicht weil sich die Nachbarschaft durch die Verstädterung nicht mehr so nahe verbunden ist?

In Traueranzeigen selten geworden sind leider Bibelverse; wahrscheinlich, weil Menschen die Bibel nicht mehr vertraut ist, als Quelle des Glaubens oder der Lebensweisheit. Allenfalls einen Spruch gibt es noch bzw. eine Lebensweisheit von Dichtern und Denkern, gern von Antoine de Saint Exupéry aus dem Buch „Der kleine Prinz". Das ist ja auch anrührend: „Und wenn du dich getröstet hast, wirst du froh sein, mich gekannt zu haben. Du wirst immer mein Freund sein. Du wirst dich daran erinnern, wie gerne du mit mir gelacht hast." Oder: „Wenn du bei Nacht den Himmel anschaust, wird es dir sein, als lachten alle Sterne, weil ich auf einem von ihnen wohne, weil ich auf einem von ihnen lache. Du allein wirst Sterne haben, die lachen können."

Trotzdem plädiere ich dafür, den Toten Bibelverse mitzugeben. Statt „Man sieht nur mit dem Herzen gut" aus dem „kleinen

Prinzen" könnte es ja auch ein Text aus dem biblischen Epheser-brief (1,18) sein: *Und Gott gebe euch erleuchtete Augen des Herzens…*

Wird die Trauerfeier angekündigt, heißt es manches Mal: „…von Beileidsbekundungen am Grab bitten wir abzusehen." Aber dieses Ritual bedeutet doch: erste Begegnung nach dem Verlust, eine Möglichkeit, sich in den Arm zu nehmen, ein paar Worte zu sagen, wieder in Kontakt zu treten! Oder es wird gar erklärt, die Beisetzung habe bereits im kleinsten Familienkreis stattgefunden. Was für ein Verlust an Gemeinschaft! Am Grab zusammenzustehen, das holt doch die Trauernden wieder hinein in das Miteinander und eröffnet Freiräume für künftige Begegnungen. Es wurde nach dem Tod eines lieben Angehörigen wieder miteinander gesprochen und so kann auch in Zukunft kommuniziert werden. Warum sollen Nachbarn, Freunde, Bekannte im weiteren Umfeld ausgeschlossen werden von der Trauerfeier? Menschen wollen doch Abschied nehmen und Hinterbliebene wissen ja gar nicht immer ganz genau, wer dazu zählt. Alle, die sich danach fühlen, sollen gern kommen dürfen, ja sich eingeladen wissen! Zeigt es an, lasst sie kommen, ladet ein, kann ich nur sagen! Eine Trauerfeier ist am Ende öffentlich und auch ein Gemeinschaftserlebnis.

Bestattungskultur: Zwischen Individualität und Anonymität

Die Bestattungskultur hat sich sehr gewandelt. Bis weit in das letzte Jahrhundert hinein waren Einäscherung oder Feuerbestattung ein hoch umstrittenes Thema. Hatte Karl der Große im 8. Jahrhundert die Verbrennung von Toten verboten, kamen

Ende des 19. Jahrhunderts Vereine auf, die aus sozialen und hygienischen Gründen dafür eintraten. Die Kirchen haben sich mit Blick auf den Glauben an die leibliche Auferstehung lange dagegen gesperrt. Aber wäre das eine Auferstehung des Menschen, so wie er zuallerletzt im Sterben war? Das ist eigentlich eine eher traurige Vorstellung. Die meisten Menschen heute glauben: Es gibt Leben nach dem Tod, aber es ist anders, ganz anders als unsere Vorstellungen vom Hier und Jetzt. Der Apostel Paulus schreibt: *Es wird gesät verweslich und wird auferstehen unverweslich* (1 Kor 15,42). Das verstehe ich so, dass Auferstehung eine andere Form von Existenz bedeutet, die mit dem „irdischen Leib" nichts zu tun hat. Der christliche Glaube hält dabei daran fest, dass Individualität nicht verloren geht. *Ich habe dich bei deinem Namen gerufen, du bist mein*, heißt es beim Propheten Jesaja (43,1). So gibt es heute keinen kirchlichen Einspruch gegen Feuerbestattungen mehr und es sind nur noch knapp die Hälfte aller Bestattungen Erdbestattungen und mehr als die Hälfte Urnenbeisetzungen, davon fünf Prozent anonym.

Fritz Roth, von dem zuvor schon die Rede war, hat vehement dafür gestritten, dass Individualität auch in Sterben und Tod Raum haben darf. Für viele liegt auch ein Trost darin, den Abschied ganz persönlich und manchmal ungewöhnlich zu gestalten. Warum soll eine Frau, die Swarowskisteine mag, sie nicht auf ihrem Sarg haben dürfen? Wieso nicht darüber reden, wie ich mir später die Urne für meine Asche vorstelle? Vielleicht wollen die Angehörigen den Sarg bemalen – was spricht dagegen?

In Bremen findet seit einigen Jahren eine Messe unter dem Titel „Leben und Tod" statt. Dort gibt es Fachvorträge für Menschen, die in Hospizen, Pflegeeinrichtungen, als Seelsorger oder in Bestattungsunternehmen tätig sind, aber auch öffentliche Veranstaltungen für Interessierte und eine Ausstellung, die zeigt, was sich in der Bestattungskultur verändert. Dort finden sich Särge, die selbst gestaltet werden können, individuelle Grabstätten, Gesprächsangebote, Literatur zum Thema. Die Messeleitung sagt, anfangs seien die Besucherinnen und Besucher, die nicht „vom Fach" sind, etwas zurückhaltend. Dann aber gebe es Begeisterung dafür, sich unbefangen informieren zu können über einen Bereich des Lebens, der jeden betrifft, über den aber selten gesprochen wird. Ich finde das großartig und kann nur ermutigen, solche Veranstaltungen zu besuchen. Du kommst ins Staunen, ins Nachdenken und der Blick auf Sterben und Tod weitet sich. Ja, auch Sterben und Tod kann der Mensch gestalten!

Jedes Jahr werden in Deutschland rund 13 Milliarden Euro für Bestattungen ausgegeben![19] Ein großer Markt, über den allerdings wenig gesprochen wird und über den kaum jemand etwas weiß. Das Thema wird lieber ignoriert, bis du selbst betroffen bist. Der Preis für eine Standardbeerdigung liegt bei circa 4000 Euro, aber es gibt immer mehr „Niedrigpreis-" und „All-inclusive"-Angebote, wie in allen anderen Bereichen unserer Marktgesellschaft. Da ist es gut, wenn Menschen vorab miteinander sprechen. Sonst zerstreiten sich ganze Familien, die plötzlich vor der Frage stehen, ob der Großvater den Eichensarg „wert" ist, ob er das gewollt hätte, und wer für die Kosten aufkommt. Ich finde, es ist eine gute Entwicklung, diese Themen nicht zu verdrängen, sondern langfristig anzugehen. Seit das Sterbegeld 2004 abgeschafft wurde, mit dem die Krankenkassen zumindest einen Beitrag zur Bestattung geleistet haben, kann eine Beerdigung für eine Familie zu einer finanziellen Belastung werden. Deshalb ist es gut,

19 Vgl. Fritz Roth, Das letzte Hemd ist bunt, S. 24, Campus Verlag, Frankfurt 2011.

offen darüber zu sprechen und Vorbereitungen zu treffen. Manche sparen frühzeitig für die eigene Beerdigung. Ich finde, es ist in keinster Weise pietätlos, auch darüber zu reden.

Bestatter übernehmen eine wichtige Aufgabe, viele Menschen lernen sie erst in einer Trauersituation schätzen. Gerade auf dem Dorf sind Pfarrer und Bestatter ja noch in engem Kontakt, aber auch in einer Stadt wie Hannover beispielsweise führen Bestatter und Pfarrer regelmäßig Gespräche miteinander. Manche Bestatter sind rund um die Uhr erreichbar und sehr einfühlsam mit Blick auf die Trauernden.

Die Bestatter helfen den trauernden Angehörigen, die notwendigen Entscheidungen zu treffen. Und davon gibt es etliche: Sarg oder Urne – und welche. Welcher Friedhof, wo auf dem Friedhof, welche Uhrzeit? Wo die Traueranzeige drucken lassen? Es ist eine hochsensible Phase, in der diese Entscheidungen getroffen werden müssen, und dazu braucht es hochsensible Menschen. Die Bestatterin oder der Bestatter kennt heute in der Regel die Angehörigen nicht, es ist also eine Erstbegegnung in einer emotional für die Angehörigen sehr belastenden Phase. Die Bestatterinnen und Bestatter, die ich kennengelernt habe, konnte ich nur dafür bewundern, wie respektvoll, ja pietätvoll sie mit der Situation umgehen. Gewiss, es ist ihr Metier, ihr Geschäft. Aber zu einem solchen Unternehmen gehört viel Lebenserfahrung und Menschlichkeit.

Wenn das Geld nicht reicht

Können Familien die Bestattungskosten nicht tragen, müssen die örtlichen Sozialämter einspringen. Die Zahl der sogenannten „Sozialbestattungen" steigt ständig. Laut statistischem

Bundesamt zahlten die örtlichen Sozialhilfeträger im Jahr 2006 für knapp 14 000 Bestattungen, 2010 waren es nahezu 23 000 – ein Anstieg um fast zwei Drittel in nur vier Jahren. Bei diesen Bestattungen entscheidet die Gemeinde vor Ort, wieviel Geld ausgegeben wird. In der Regel ist eine Trauerfeier nicht vorgesehen und es wird auf eine Feuerbestattung gedrängt. Das ist ein Punkt, der in den Kommunen diskutiert werden sollte. Die Würde des Menschen wird auch angetastet, wenn keine Trauerfeier ermöglicht wird, finde ich. Die Angehörigen brauchen eine solche Feier, einen Raum für ihre Trauer und die Begegnung.

Nicht erfasst werden vom Statistischen Bundesamt die „Bestattungen von Amts wegen", bei denen keine Angehörigen ermittelt werden können. Hier kommt es zu Feuerbestattungen mit anonymem Verstreuen der Asche. Auch hier die Frage: Sollte nicht der Name des Menschen erinnert werden? Vielleicht am Rand des anonymen Rasenfeldes, mit einer Platte im Boden? Ist das nicht würdig für uns als Gesellschaft insgesamt, in der Menschen einen Namen tragen? Der Individualisierung auf der einen Seite sollte nicht eine völlige Anonymisierung aus Armutsgründen auf der anderen Seite gegenüberstehen. Denn so spiegelt sich noch im Tod die immer mehr auseinanderklaffende soziale Schere im Land.

Gräber erzählen Geschichten

Wie gut ist es, dass wir Friedhöfe haben! Das sind so wunderbare Orte, die viel erzählen, nachdenklich machen, uns zur Ruhe kommen lassen. Ich gehe gern über Friedhöfe und schaue, wer im Ort gelebt hat. Das können bekannte Friedhöfe sein wie der Dorotheenstädtische in Berlin. Altbundespräsident Johannes Rau hat immer gesagt, er wolle hier bestattet werden, weil da so interessante Menschen beerdigt sind: Georg Wilhelm Friedrich Hegel, Johann Gottlieb Fichte, Heinrich Mann, Bertolt Brecht, Anna Seghers, Helene Weigel, Ernst Theodor Litfaß und viele andere mehr. Auf dem Grabstein von Johannes Rau, der 2006 starb, steht: „Dieser war auch mit dem Jesus von Nazareth."

Auch den Friedhof Père-Lachaise in Paris suche ich gern auf. Edith Piaf ist dort beerdigt und Jim Morrison. – Ebenso gibt es beeindruckende Mahnmale für die Opfer der Konzentrationslager des Nationalsozialismus oder der europäischen Kriege. Doch selbst ein kleiner Dorffriedhof erzählt manche Geschichte. O ja, ich weiß, da gibt es immer auch Getratsche, wer was getan oder nicht getan hat, wo Unkraut sprießt und wo die Blumen verwelken. Doch so ist das Leben und die Toten sind ein Teil davon.

Vor einiger Zeit wollte ich mit meiner Tochter nach einem Frühstück im Berliner Stadtteil Kreuzberg noch spazierengehen. Wir gingen auf den Luisenstädtischen Friedhof – er hat mehr als neunzigtausend Quadratmeter und ist einer von vier miteinander verbundenen großen Friedhöfen. Man kann von dort weitergehen zum Kirchhof der Jerusalems- und der Neuen Kirche, hinüber zum Friedrichswerderschen Kirchhof und schließlich zum Dreifaltigkeitsfriedhof. Ein großes Areal! Und ein besonderer Ort, in der Tat. Ein Ort des Friedens, der Ruhe, der Nachdenklichkeit mitten in einer tosenden Stadt!

Wir haben geredet, geschwiegen und viele Gräber angeschaut. Ja, sie erzählen Geschichten. Gustav Stresemann ist hier begraben, der Reichskanzler. Aber es sind auch weniger Bekannte, völlig Unbekannte dabei. Menschen, bei denen du beginnst zu überlegen: Wie war wohl ihre Geschichte? Sie ist vor ihm gestorben! Drei früh gestorbene Kinder! Wer ist die dritte Person in der Gruft? Du beginnst nachzudenken über Verstorbene, mit denen du gar nicht verbunden bist. Aber ihr Leben berührt in diesem Moment deines.

Friedhöfe sind Orte der Erinnerung. Und sie tun einer Gesellschaft gut, die ständig nur nach vorn schauen und innovativ sein will. Immer soll sich alles fortschrittlich verändern, nur das erscheint gut. Friedhöfe aber verweisen auf Wurzeln. Sie lassen dich zurückschauen. Und sie erinnern dich an deine eigene Vergänglichkeit. Orte des Friedens können sie sein, an denen du nachdenklich werden und Ruhe finden kannst im oft so hektischen und rastlosen Alltag.

Inzwischen sind viele Friedhöfe unterbelegt. Immer mehr Menschen lassen sich einäschern oder ihre Asche anonym verstreuen. Ich kann die Motive von Menschen, die in einem Friedwald bestattet sein wollen, durchaus nachvollziehen: Unter einem Baum, weg von allen Zwängen, mitten in der Natur. Aber wir brauchen doch Friedhöfe mitten in unseren Dörfern und Städten! Sie beheimaten uns. Und wie traurig ist es, wenn am Lebensende kein Grab an den Toten erinnert.

Ich erinnere mich daran, dass wir in meiner Kindheit an Samstagen auf den Friedhof gingen. Es war kein unangenehmer Ort, sondern ein Ort der Erinnerung an nahe, aber durchaus auch fernere Menschen. Da war die Frau Schmidt von der Buchhandlung, hier der Onkel Franz, dort das Kind von den Schneiders. Zu den Gräbern zu gehen, hat das eigene Leben eingebettet in den großen Kreis von Leben und Sterben. Man traf sich auf dem Friedhof und für die Trauernden war es gut, die anderen zu treffen, ein paar Worte zu wechseln, wieder ins Gespräch zu kommen mit den Lebenden und nicht nur mit dem Tod im Dialog zu stehen.

Deshalb möchte ich Menschen ermutigen, beizeiten zu überlegen, wo und wie sie bestattet werden wollen. Wer Angst hat, die Grabpflege könnte den Angehörigen zu viel werden oder sie könnte nicht erfolgen, weil es keine Angehörigen gibt, kann auf vielen Friedhöfen heute Alternativen finden. Etwa eine in den Rasen eingelassene Grabplatte oder eine Stele, in der die Namen jener Menschen vermerkt sind, die auf dem Grabfeld beigesetzt sind.

Sehr gut finde ich, dass die Friedhofsordnungen vielerorts gelockert werden. Das lässt mehr Kreativität zu, auch wenn manche offenbar Angst davor haben und die Anordnung in Reih und Glied vorziehen. Doch diese Anordnung macht Friedhöfe zu kalten Orten. Das ist inzwischen vielen klar und so gibt es Friedhöfe mit einem „Friedpark", wo wie im Friedwald Urnenbeisetzungen unter Bäumen möglich sind und vieles andere mehr. Liegezeiten werden flexibler gestaltet. Es gibt individuell gestaltete Bereiche für Kindergräber. In Berlin gibt es nun sogar einen Lesbenfriedhof – da lässt sich trefflich streiten: Ist das selbst gewählte Ausgrenzung oder ein „Statement gegen die weitgehende Unsichtbarkeit von Lesben in Gesellschaft, Politik und Medien"[20]

Die Deutsche Kriegsgräberfürsorge hat deutlich gemacht, was es Menschen bedeuten kann, einen Ort der Trauer zu haben. Bis heute wird nach dem Schicksal geliebter Menschen gefragt.

20 Emily Bartels, Lesbenfriedhof in Berlin, in: SPIEGEL online, Panorama, 7. April 2014

„Wissen Sie etwas über meinen Vater, meinen Freund?" Und viele bemühen sich darum, den Toten nach dem Krieg ein würdiges Grab zu verschaffen, damit sie in Frieden ruhen können. Und dass sie selbst Frieden finden, weil es einen Ort gibt für die Trauer, für das Gedenken.

Es ist gut, auch Kinder und Jugendliche mitzunehmen auf Friedhöfe. Eine meiner Töchter erinnert sich gut an ihre Konfirmandenzeit und den Friedhofsgang. Es war eine behutsame, ja „leichte" Annäherung an das Thema Sterblichkeit und Tod an einem im besten Sinne „schönen" Ort. Sterben wurde nicht als furchtbar, schrecklich, unaussprechlich dargestellt, sondern als Teil des Lebens, als Thema, das zum Alltag gehört, über das gedacht und gesprochen werden darf.

Andere Kulturen und Zeichen

Vor einigen Jahren habe ich den jüdischen Friedhof in Göttingen besucht. Dieser Friedhof, auf Hebräisch Beth Olam (Haus der Ewigkeit) oder auch Beth Chaim (Haus des Lebens) genannt, ist ein Zeugnis jüdischen Lebens in dieser Stadt. Zur Zeit des Nationalsozialismus wurde die jüdische Gemeinschaft dort gezielt nahezu völlig ausgelöscht. Von den letzten Deportationen kamen nur drei Menschen lebend nach Göttingen zurück. Der Friedhof ist heute ein Zeichen dafür, dass es jüdisches Leben in Göttingen gab und spannt den Bogen zu denjenigen, die vor allem aus Russland und der Ukraine nach Göttingen kommen und dort aufs Neue jüdisches Leben, deutsches jüdisches Leben, beginnen wollen.

Der erste Grabstein stammt aus dem Jahr 1701 und ist nach Jerusalem (Südosten) ausgerichtet. Später wird die Assimilation, die Einbürgerung in die deutsche Kultur, erkennbar: Die Gräber werden nach Osten und parallel zur vorbeiführenden Straße angelegt. Die Grabsteine tragen nicht mehr nur hebräische Inschriften, sondern auch deutsche. Letztere stehen manchmal auf der Rückseite, heute oft auch auf der Frontseite. Inzwischen sind nur noch wenige hebräische Kürzel und Symbole zu sehen.

Auf anderen Grabsteinen finden sich deutschnationale Kränze, in Stein gemeißelt, aus Metall gegossen, ein Mahnmal für die jüdischen Gefallenen des Ersten Weltkrieges. So geht die Geschichte weiter bis zum Grab eines jungen Kontingentflüchtlings, der sich ein Jahr nach seiner Ankunft in Deutschland mit 22 Jahren das Leben genommen hat.

Dieser Friedhof ist ein Ort der Geschichte, einer Geschichte, die wir nicht erkennen könnten, wenn alle ihre Urnen einfach in den Wohnzimmern aufstellen würden. Über Jahrhunderte hinweg haben wir so diese Erinnerung jüdischen und christlichen Lebens gewahrt. Eines Tages werden wir an unseren Friedhöfen ablesen können, wann sich die ersten Muslime in Deutschland haben beerdigen lassen, weil sie hier nun eine Heimat gefunden haben. Ein Ort der Erinnerung.

Eine besonders ergreifende Geschichte auf dem Friedhof dokumentiert das erste Grab, das nach dem Holocaust angelegt wurde. Hier ist ein christlich-jüdisches Paar begraben. Die christliche Ehefrau hatte ihren jüdischen Mann vor den Pogromen der Nazis verstecken können. Richard Gräfenberg überlebte. Als er 1951 starb, fand sich in seinem Testament der Wunsch, gemeinsam mit seiner Frau Helene begraben zu werden. Aber Christen auf einem jüdischen Friedhof beerdigen – das ging nicht. Die jüdische Gemeinde fand eine wunderbare Lösung voller rabbinischer Weisheit: Das Grab wurde mit einer

Hecke abgegrenzt – quasi ein eigener Friedhof mitten im jüdischen Friedhof. Frau Gräfenberg wurde hier 1957, nach einer Trauerfeier auf dem benachbarten christlichen Friedhof, bestattet. Heute ist es grundsätzlich üblich, jüdische und nicht jüdische Ehepartner auch im Tode nicht zu trennen. Und die einstige Hecke ist längst beseitigt.

Wie gut, dass inzwischen auch Bestattungen nach islamischem Ritus in Deutschland möglich sind, nachdem die Sargpflicht an mehreren Orten aufgehoben wurde. Es ist ein Zeichen von Integration, wenn die Toten in dem Land beerdigt werden können, in dem sie gelebt haben. Dass sich dadurch Friedhöfe verändern, weil es beispielsweise Waschräume für die rituellen Waschungen anderer Religionen geben muss, Gräber nach Mekka ausgerichtet und nicht 1,70, sondern 1,10 Meter tief ausgehoben werden, das gehört dazu. Friedhöfe beheimaten uns alle.

Sehr gefreut habe ich mich, dass eine iranische Familie bei der Beerdigung meiner Mutter dabei war, Bekannte einer meiner Schwestern. Sie haben sich in die Rituale eingefügt und waren Teil der Gemeinschaft. Rituale teilen, das nimmt die Fremdheit.

Grabinschriften

Als mich ein Journalist einmal fragte, was auf meinem Grabstein stehen solle, habe ich gesagt: der Name und das Geburts- und Sterbejahr. Ich finde, das reicht. Was zwischen diesen Jahren liegt, kann nicht in einen Satz gefasst werden, denke ich. Ein Kreuz hätte ich noch gern, um zu zeigen, wohin ich gehöre im Glauben, im Leben und im Sterben.

Vicco von Bülow alias Loriot hat vor vielen Jahren vom „SZ-Magazin" die gleiche Frage nach der gewünschten Grabinschrift gestellt bekommen. Seine Antwort zeigt, dass er selbst in Zusammenhängen, bei denen andere ins Stocken kommen, seinen spontanen Humor nicht verlor. So sagte er: „Zweckmäßig wäre es, wenn der Name draufstünde."

Mancher sucht sich für seine Grabinschrift geradezu humoristische Formulierungen. Und ich finde, bei den Themen Sterben, Trauer und Tod darf es auch Humor geben, daher ein paar Beispiele, gesammelt von Enno Hansing[21]:

- „Hier ruhen meine Gebeine, ich wünschte, es wären deine."
- „Du stehst noch hier und ich bin hin. Bald bist du dort, wo ich schon bin."
- „An einen redseligen Politiker: Hier schweigt er endlich ungebeten. Hebt ja den Stein nicht auf, sonst fängt er an zu reden."

Auch andere Sammlungen gibt es[22]:

- Erich Kästner, Inschrift an einer Kirchhofstür: „Wer diesem kleinen Schild Beachtung schenkt, der möge auch das Folgende beachten: Hier liegen viele, die nicht daran dachten, daß man viel früher hier liegt, als man denkt."
- Grabinschrift eines Kritikers: „Ehrlich gesagt, hier liegt sich's schlecht."
- Peter Rühmkorf: „Eleganz zählt auch noch beim Totentanz."
- Joseph von Eichendorf: „Memento mori: Schnapp Austern, Dukaten, mußt dennoch sterben! Dann tafeln die Maden und lachen die Erben."

---

21 Vgl. Enno Hansing, Hier ruhen meine Gebeine, ich wünschte, es wären deine, Bremen 1997.
22 Der verlachte Tod, hg. v. Roger Shatulin, Zürich 2005, S. 9.

Solche realen und erdachten Nachrufe zeigen, wie der Tod nicht anonymisiert, versteckt, vor Angst gescheut, sondern in gut paulinischem Sinne auf die Schippe genommen wird: *Tod, wo ist dein Sieg?* (1 Kor 15,15).

Trauerfeier – Wieder zurück ins Leben finden

Bei mancher Trauerfeier habe ich erlebt, dass Menschen unsicher sind, ob es auch Heiterkeit geben darf. Ich finde, nicht nur, wenn ein alter Mensch lebenssatt geht, darf auch das sein. Ein Lächeln kann die Verkrampfung entspannen, in der sich alle befinden. Und man darf durchaus bei einer Trauerfeier lachen, sich in den Arm nehmen, sich freuen. Aber ja! Das ist doch Teil des Lebens! Da ist es schön, Menschen wiederzusehen, die du lange nicht gesehen hast. Es ist eine Feier in Respekt vor den Toten, aber für die Lebenden. Sie sollen doch als Trauernde eingefangen werden in die Realität des Lebens, das auch mit dem Abschied weitergelebt wird. Wo das gelingt, sind Trauerfeiern gelungen.

Wir leben! Wir werden wieder essen und trinken, weinen und lachen, uns lieben und grämen – das ist das Leben und es geht für uns, die wir hier sitzen, weiter. Es bleibt nicht stehen in diesem Moment. Auch zu einer solchen Haltung sollte eine Trauerfeier Mut machen, denke ich. Als ich meine Großmutter beerdigte, habe ich in der Ansprache gesagt: „Wir wissen alle, dass Omi am liebsten hier wäre und mit uns allen reden würde." – Alle schmunzelten, weil wir uns das bestens vorstellen konnten. Eine gewisse Lebensheiterkeit kann die angespannte Situation entlasten.

Eine Trauerfeier dient doch mehreren Zwecken. Zum einen, ja zuallererst dem Abschied von einem verstorbenen Menschen.

Da ist Trauer angesagt, die tiefe Trauer der engsten Angehörigen, aber auch die distanzierte Trauer, das Mitgefühl mit den Angehörigen bei denen, die nicht so nahestehen.

Dann ist die Trauerfeier der Ort, ein Zeichen zu setzen: So ist es jetzt. Verwandte sehen sich wieder und wissen, es ist eine Veränderung. Angehörige, Berufskollegen, Nachbarn sind schlicht informiert: Er oder sie trauert. Und es ist eine Gelegenheit des Nachdenkens: Was habe ich erlebt mit dem Verstorbenen? Was hat sie mir bedeutet? Wie sieht es aus, wenn ich selbst einmal sterbe?

Singen ist dabei wunderbar. Es hebt die Gefühle auf in Gemeinsamkeit, trägt durch das Weinen hindurch und lässt Aufatmen in eine Tradition von Worten und Tönen hinein, die etwas wissen von den Gefühlen, die du durchlebst.

Immer öfter wird der Wunsch laut, die Urne mit der Asche des verstorbenen Angehörigen mit nach Hause nehmen zu können, und Menschen empfinden den Friedhofszwang in Deutschland als Einschränkung ihrer Freiheit. Ausnahmen gibt es nur bei Seebestattungen und neu entstandenen „Friedwäldern", die allerdings „pietätsgenehmigt" und als Begräbnisort ausgewiesen sein müssen. Manche Angehörige umgehen inzwischen die Bestattungspflicht, indem die Einäscherung etwa in der tschechischen Republik stattfindet und die Urne dann mit nach Hause genommen wird. Sie wollen gern frei verfügen, die „Urne im Bücherregal" aufbewahren.

Zwei Schlussfolgerungen habe ich:

Ich plädiere dafür, die Beerdigung und die Gräber nicht zu privatisieren. Sinn eines Friedhofs ist es, dass alle Zugang haben, jeder und jede dort trauern kann, Gelegenheit zur Erinnerung hat. Wie wäre es denn, wenn plötzlich andere Angehörige kommen wollen, um ihre Trauer auszudrücken? Was, wenn jemand trauert, den die unmittelbaren Angehörigen gar nicht kannten? Bei jemandem zu klingeln, zu hoffen, dass er mir öffnet, damit ich die Urne eines verstorbenen Verwandten sehen und den Tod betrauern kann – das ist für mich befremdlich. Ein Friedhof ist auch ein öffentlicher, ja letzten Endes demokratischer Ort – es kann kommen, wer trauert. Keiner ist ausgeschlossen.

Und: Es tut auch gut, Distanz zu den Toten zu gewinnen. Zum Friedhof musst du rausgehen. Es ist nicht dein privater Raum. Du kannst dich nicht in der Wohnung vergraben, Aufbruch, Losgehen sind angesagt. Der Friedhof ist auch ein Ort der Begegnung mit dem Leben, mit anderen Menschen, die trauern, mit der Realität, dass du dich nicht selbst „mit vergraben" kannst in deiner Trauer. Dafür muss der Friedhof aber auch erreichbar sein, kein weit entfernter Wald, kein Kreuz auf einer Seekarte.

Für viele Menschen drückt ein Lied von Julie von Hausmann, das sie 1862 geschrieben hat, die eigenen Gefühle aus. Es wurde eine Zeit lang aus dem evangelischen Gesangbuch verbannt, weil manche es zu „kitschig" fanden. In meiner ersten Gemeinde habe ich erlebt, wie es am Grab dennoch – ohne Organist und Liedblatt – gesungen wurde. Julie von Hausmann ist eine der selten im evangelischen Gesangbuch zu findenden Liederdichterinnen. Und ich habe das Lied immer gern gesungen, auch am Grab meiner Mutter: ∾

So nimm denn meine Hände

So nimm denn meine Hände und führe mich
bis an mein selig Ende und ewiglich.
Ich mag allein nicht gehen, nicht einen Schritt:
wo du wirst gehn und stehen, da nimm mich mit.

In dein Erbarmen hülle mein schwaches Herz
und mach es gänzlich stille in Freud und Schmerz.
Laß ruhn zu deinen Füßen dein armes Kind:
es will die Augen schließen und glauben blind.

Wenn ich auch gleich nichts fühle von deiner Macht,
du führst mich doch zum Ziele auch durch die Nacht:
so nimm denn meine Hände und führe mich
bis an mein selig Ende und ewiglich!

Julie von Hausmann

5 Kinder und Tod ∽
Angst und Endlichkeit

Darf ich mit Kindern über den Tod sprechen, fragen sich viele. Interessant ist, dass Kinder selbst gern über das Thema sprechen wollen! Zum Kirchentag in Hannover hatten wir – angelehnt an die Losung „Wenn dein Kind dich morgen fragt" – in niedersächsischen Kindertagesstätten und Grundschulen Fragen von Kindern gesammelt. Viele der Fragen drehten sich um Sterben und Tod, etwa folgende:[23]

- Warum gibt es den Tod?
- Wie konnte Jesus wieder leben, er war doch gekreuzigt worden?
- Warum hat Gott die Welt geschaffen und bei der Sintflut fast alle getötet?
- Gibt es den Himmel und die Hölle?

Am Ende hatte ich den Eindruck: Kinder würden gern über Sterben und Tod sprechen, aber die Erwachsenen haben Angst davor.

Tomi Ungerer, der bekannte französische Schriftsteller, Grafiker und Illustrator, hat in seiner Kolumne zu Kinderfragen in DIE ZEIT Ähnliches geschildert. So fragte ihn etwa Giovanni,

23 Vgl. Margot Käßmann, Wie ist es so im Himmel?, Freiburg 2006.

4 Jahre: „Ist Sterben interessant?" Ungerer antwortet: „Auf jeden Fall! Im Krankenhaus, als ich im Koma lag, sah ich mich am Ende eines Tunnels, wie geblendet von einem unbeschreiblichen Licht!"

Und auf die Frage von Luis, 3 Jahre: „Kommen Kopfläuse nach ihrem Tod auf den Friedhof?", antwortet er: „Sie sind Ungläubige, die nichts vom ewigen Leben halten – im Gegenteil: Viele von Ihnen sind Wiedergeburten von faulen Schülern, Nichtstuern und asozialen Schmarotzern." Nun, das ist nicht politically correct, zeugt aber von einem gewissen Humor gegenüber dem Thema.

Auch bei anderen Gelegenheiten fand ich beeindruckend, wie unbefangen Kinder vom Tod sprechen. Da erzählt mir eine Bekannte fast schockiert, ihre Tochter habe gefragt: „Mama, bekomme ich dein iPad, wenn du tot bist?" Erwachsene irritiert das geradezu. In der bereits erwähnten Call-in-Sendung des RBB hat der Moderator davon berichtet: *Als meine kleine Tochter sprechen konnte, hat sie mich irgendwann abends gefragt: ,Papa, stirbst du vor mir?' Also ganz pragmatisch. Da habe ich gesagt: ,Ja, das wird so sein.' Da war sie ganz traurig. Da hab ich gesagt: ,Ich verspreche aber, erst, wenn es für dich in Ordnung ist.' Für Kinder gehört es irgendwie zum Leben dazu, auch ne?"*

Ja, Kinder sind unbefangener. Sie fragen nach dem Tod und wir sollten ihnen Rede und Antwort stehen. Wir sollten ihnen aber auch nichts versprechen, was wir nicht halten können. Wir sollten versuchen, im Rahmen dessen, was sie verstehen können, so aufrichtig wie möglich zu antworten. Ihnen keine Angst zu machen, aber dem Gespräch auch nicht auszuweichen, darum geht es.

Kinder bei der Trauerfeier

Immer wieder wird gefragt: Ist es richtig, Kinder mit zur Trauerfeier zu nehmen? Und wenn ja, ab welchem Alter? Da ist eine pauschale Antwort gar nicht möglich. Manchmal entspringt die Frage der Angst der Eltern. Zum einen: Könnte das Kind stören, wenn alle betroffen schweigen und es ruft, lacht, schreit? Oder zum anderen: Was, wenn ich die Fassung verliere, mein Kind mich weinen sieht, wenn es erlebt, dass ich selbst völlig aufgelöst bin?

Meine Erfahrung ist, dass Kinder sehr gut dabei sein können, wenn ihnen vorher erklärt wird, was geschieht und ihnen kein Druck gemacht wird, sich still zu verhalten. Warum soll ein Kind nicht umherlaufen, Sarg und Kränze anschauen? Es ist gut, wenn es erlebt, was geschieht, wie so eine Beerdigung abläuft. Das ist wesentlich besser, als wenn es sich alle möglichen Vorstellungen davon macht. Für Erwachsene kann es manchmal sogar entlastend sein, wenn ein Kind anwesend ist, gerade weil es unbefangener mit der Situation umgeht. Und es setzt mit seiner Anwesenheit ein Zeichen: Das Leben geht weiter. Auch nach einem Verlust darf es wieder Freude geben.

Mir erscheint es merkwürdig, dass Kindern zugemutet wird, im Fernsehen und am Computer Sterbende und Tote zu sehen, ihnen dann aber eine Trauerfeier vorenthalten wird. Nein, unvorbereitet sollte ein Kind nicht mitgenommen werden, aber vorbereitet kann es selbst erleben, was ein würdiger Abschied bedeutet und dass auch Erwachsene weinen, wenn sie traurig sind.

Wenn Kinder zurückbleiben

In der RBB-Sendung meldete sich auch eine Frau, die sich Sorgen um eine sterbenskranke Bekannte und deren Kind machte: *„Guten Abend. Ja, also, folgendes Problem. Bei uns im Bekanntenkreis ist eine junge Frau, die hat noch ein schulpflichtiges Kind und also es ist … Sagen wir mal so, die Ärzte haben aufgehört zu therapieren, also es ist ziemlich sicher, dass sie sterben wird. Das Problem für mich ist einmal, wie geht man mit dem Kind um oder bzw. auch, ich habe versucht, zu ihr Kontakt aufzunehmen, aber offensichtlich will sie das nicht oder bzw. ich weiß auch nicht so richtig, wenn ich jetzt sie besuchen würde beispielsweise, wie geht man selbst damit um? Ich bin da sehr unsicher. Ich weiß nicht, spricht man es jetzt direkt an? Hilfe kann man ja eigentlich nicht bieten.“*

In der Sendung habe ich die Frau ermutigt, Kontakt aufzunehmen und dann zu sagen: „Ich hab das gehört, wie sieht es bei dir aus?" Allerdings muss die Mutter auch die Freiheit haben zu antworten: „Du, ich will nicht drüber sprechen!" oder: „Du kommst mir gerade recht, ich muss mit jemandem drüber sprechen." Ich finde, Menschen, die mit einer Sterbesituation konfrontiert sind und wissen, dass ihre Lebenszeit sehr begrenzt ist, müssen die Freiheit haben zu entscheiden, ob sie darüber reden möchten oder nicht.

Eine andere Anruferin erzählte: *„Eine Freundin von mir, die ist schwer erkrankt an Krebs und hat Kinder, relativ kleine Kinder, also nicht so alt, wie in dem Tatort gestern. Und weiß einfach nicht, wie sie ihren Kindern das erzählen soll, dass sie bald sterben wird. Das ist ja auch ein ganz schwieriges Thema und ich würde sie da gerne unterstützen, deshalb ruf ich ja auch an, weil* *ich denke, dass Sie vielleicht auch eine Idee haben, wie man das Kindern beibringen könnte. Dieses schwere Unglück, das sie erwartet, wenn die Mutter von ihnen geht."*

Auf jeden Fall würde ich die Mutter ermutigen, mit ihren Kindern zu reden! Kinder sollten nicht zurückbleiben, ohne Bescheid zu wissen. Sie ahnen oft ganz viel und spüren, was in Erwachsenen vorgeht. Es erleichtert sie, wenn dieses Ungewisse, das ja Angst macht, ausgesprochen wird und sie wissen, was los ist. Dann haben sie die Chance, sich – in diesem Fall – von der Mutter verabschieden zu können, so schwer das auch ist.

Natürlich ist der Tod der Mutter oder des Vaters eine besondere Belastung. Als meine Kinder kleiner waren, hatte ich eine Zeit lang große Sorge, was passieren würde, wenn ich, wenn ihr Vater oder sogar wir beide sterben würden. Damals habe ich festgehalten, wer das Sorgerecht bekommen sollte und versucht zu regeln, was ich regeln kann. Heute bin ich sehr froh, dass meine Kinder erwachsen sind und ich sie persönlich auf dem Weg ins Leben begleiten konnte. Ich hätte aber alles daran gesetzt, es ihnen selbst zu erzählen, wenn ich todkrank gewesen wäre. Wir können Kindern zutrauen, darüber zu sprechen, das ist allemal besser als zu schweigen.

Auch der Tod der Großeltern löst Trauer aus, oft ist es für Kinder das erste Mal, dass sie in näherem Umfeld mit dem Tod konfrontiert sind. Was bei Erwachsenen gilt, ist bei Kindern noch wichtiger: Darüber reden! Gefühle aussprechen und nicht nach dem Motto leben: „Wir reißen uns zusammen!" Oder: „Vor den Kindern zeigen wir nicht, wie traurig wir sind." Warum nicht die Kinder mit einbeziehen, sie ernst nehmen, mit ihnen gemeinsam trauern und ihnen helfen, die Trauer auszudrücken? Zum Beispiel kleine Rituale auch für zu Hause überlegen: ein

Brief, den ich dem Opa mitgebe auf die letzte Reise. Eine Kerze, die wir vor dem Bild der Oma regelmäßig anzünden und an sie denken. So wird die Trauer in den Alltag geholt und ist nicht etwas Bedrohliches irgendwo da draußen, dem man nichts entgegensetzen kann.

Kinder finden manchmal ihre eigenen Rituale. Bei der Beerdigung eines Kindes haben die Mitschülerinnen und Mitschüler Teddybären und selbstgemalte Bilder an den Sarg gelegt. Und jedes Kind brachte dann ein Teelicht nach vorn. Das war ihre Idee, die sie mit der Lehrerin entwickelt hatten.

Natürlich lässt sich nicht pauschal über „Kinder" sprechen. Jedes Alter hat seine Besonderheiten und seine Herausforderungen. Aber ich bin überzeugt: Die Sprachlosigkeit, die Tabus gehen von den Erwachsenen aus. Nicht wir haben eine Sprache für Kinder, sondern sie finden mit uns eine Sprache, über Trauer, über Verstorbene zu sprechen. Aber dazu müssen wir uns die Zeit nehmen, sie nicht mit unseren Worten zu überladen, sondern zu hören, was sie zu sagen haben.

Schweigen jedenfalls legt sich auf die Seele und macht am Ende krank. Mir hat kürzlich ein Kollege erzählt, dass eine 13-Jährige alles mit ihrer Mutter besprochen hatte, dass sie ganz genau wusste, was die Mutter für ihre Beerdigung wünschte und das Gefühl hatte, ganz klar im Sinne und entsprechend dem Vermächtnis der Mutter zu handeln. Die Mutter hatte ihr viel zugetraut. Aber sie hat sie nicht ohnmächtig zurückgelassen, sondern ihr bewusstes Handeln statt Hilflosigkeit ermöglicht.

Wenn Kinder sterben

Sollte ein Kind an einer unheilbaren Krankheit leiden, ist es wichtig, behutsam, aber offen mit ihm darüber zu sprechen. Dafür gibt es keine pauschale Anleitung, jede Situation ist individuell. Aber Kinder haben ein sehr gutes Gespür dafür, ob Erwachsene beschwichtigen oder gar lügen, um die Ausweglosigkeit der Situation zu überspielen. Ihnen zu sagen, dass der Arzt ihnen wohl nicht mehr helfen kann, ist aufrichtig. Sie zu fragen, wie sie sich den Tod vorstellen, ebenso. Oder sie Bilder entwerfen zu lassen, wie sie sich den Tod vorstellen.

Sven Gottschling, Leitender Arzt am Zentrum für Palliativmedizin und Kinderschmerztherapie des Uniklinikums Saarland, der jedes Jahr etwa 50 sterbende Kinder begleitet, sagt: „Für viele Kinder ist der Tod nicht so bedrohlich wie für Erwachsene. Mit ihrer unbefangenen Art trösten Kinder sogar oft ihre Eltern."[24] Gottschling wurde auch zum belgischen Sterbehilfe-Gesetz befragt. Dort ist Sterbehilfe für Kinder erlaubt. Auf die Frage, ob ein Kind ihm gegenüber schon einmal den Wunsch nach Sterbehilfe geäußert hätte, erzählt er, das sei vorgekommen. Aber für die Kinder steht nicht der Wunsch, sterben zu wollen im Vordergrund. Die meisten wollen die Situation einfach nicht mehr länger ertragen. Er stellt fest: „Der Wunsch, dem Leben ein Ende zu setzen, ist ja – und das gilt nicht nur für Kinder – vor allem ein Hilfeschrei, weil der Patient starke Schmerzen hat, weil er schlecht Luft bekommt, weil er Angst vor einem weiteren Eingriff hat oder sich nicht mehr bewegen kann. Bei vielen dieser Dinge kann ich als Arzt durch Gespräche, Unterstützung oder Medikamente helfen."[25] Oftmals sei es auch eine Depression, die

24 „Heißt das, ich muss sterben?", in FAS, 2. März 2014, S. 49. / 25 Ebd.

medikamentös zu behandeln sei. Und am Ende seien es meist die Eltern, die den Wunsch nach Sterbehilfe hätten, weil sie das Sterben des Kindes nicht mehr ertragen.

Das macht deutlich: Wenn Kinder sterben, muss die ganze Familie im Blick sein, begleitet werden. Da ist das sterbende Kind, aber da sind auch die Geschwister und die Eltern. Angehörige sind derartig emotional absorbiert von dieser Situation und doch muss Geld verdient werden. Du kannst nicht einfach vom Arbeitgeber eine bezahlte Auszeit bekommen. Wie soll das alles bewältigt werden?

Zudem braucht es dringend eine bessere Palliativversorgung für Kinder. Es gibt in Deutschland nur eine solche, speziell auf Kinder ausgerichtete Palliativstation und nur 13 explizite Kinderhospize. Bei meinem Besuch im Kinderhospiz „Löwenherz" in Syke konnte ich erleben, wie liebevoll hier das sterbende Kind, aber auch die Eltern und die Geschwister begleitet werden. Dort ist nicht alles düster und voller Trauer, sondern auch das Lachen hat seinen Raum, das Kindliche.

Auch in Berlin habe ich eine Einrichtung kennengelernt, die „Björn-Schulz-Stiftung". Sie hilft Familien mit schwerst- und unheilbar kranken Kindern. Als ich ein paar Tage im Sonnenhof, deren Einrichtung in Berlin, war, habe ich einen sehr jungen Mitarbeiter gefragt: „Wie kannst du das, jeden Tag mit sterbenskranken Kindern umgehen?" Er sagte: „Weißt du, daran gewöhnst du dich. Sie sind bei uns, wir leben miteinander, auch wenn wir wissen, dass ein Abschied bevorsteht!" Das hat mich beeindruckt. Die Mitarbeitenden gehen so respektvoll mit den Kindern um, sie versuchen, die Eltern zu entlasten und bei allem herrscht eine Atmosphäre von Ruhe, Vertrauen und

Zuwendung. Das ist beachtlich. Und das zu erleben nimmt die Beklemmung, über das Sterben von Kindern zu reden.

Dort habe ich Florian und seine Mutter getroffen. Zunächst war er ein kerngesundes Kind. Mit zwei Jahren wurde ein Hirntumor diagnostiziert; seine Lebenserwartung sei gering, hieß es. Heute ist Florian 18. Der Vater hat die Mutter verlassen, sie hat ihren Arbeitsplatz verloren und kämpft nun seit 16 Jahren um ihren Sohn und das finanzielle Auskommen. Sie sagte zu mir: „Ich bin so glücklich, dass ich noch so viele Jahre mit ihm erleben konnte und kann." Da habe ich mich geschämt, weil ich als Beobachterin gedacht hatte, die Belastung sei ihr zu viel geworden. Nein, die Liebe ist größer als die Belastungserfahrung!

Wenn Eltern Kinder verlieren

Im Rahmen einer ZDF-Sendung zum Karfreitag habe ich auch Ines und ihre Familie kennengelernt. Wir haben intensive Tage miteinander erlebt und sind bis heute in Kontakt. Ines war schwanger mit Drillingen. Die Freude war groß, der Nachwuchs lange erwartet. Dann traten Probleme auf, im Virchow-Klinikum der Charité in Berlin-Wedding kam es zur Frühgeburt. Ines und ihr Mann mussten erleben, wie zunächst die kleine Emy Marie und kurz danach auch der kleine Benjamin starb. Maximilian hat mit einigen Behinderungen überlebt. Eine traumatische Situation für Ines und ihren Mann Thomas, die auch nach Jahren immer noch sehr präsent ist und ihr Leben entscheidend verändert hat.

Emy Marie ist ungetauft gestorben, es ging alles zu schnell, da war keine Zeit zum Nachdenken. Der Gesundheitszustand hatte sich dramatisch verschlechtert, sie starb in den Armen der Eltern. Benjamin überlebte bis zur 28. Schwangerschaftswoche, dem Tag, auf den Ines so sehr gehofft hatte – der errechnete Geburtstermin der Drillinge. Dieses Mal waren Ines und Thomas vorbereitet, soweit das überhaupt möglich ist. Sie haben Benjamin taufen lassen. Bevor Ines mit Maximilian das Krankenhaus verließ, hat sie selbst sich gemeinsam mit ihm taufen lassen – bei allem Entsetzen, allem Schock, aller Trauer ist auch Gottvertrauen gewachsen. Das ist bewegend, finde ich. Ich habe tiefe Bewunderung für diese Eltern, die so Schweres erlebt haben, aber es in ihr Leben integrieren konnten. Beide hatten den Mut zu einer weiteren Schwangerschaft und ein gesunder Junge wurde geboren. Thomas sagt, er bestehe darauf, Vater von vier Kindern zu sein, nicht von zwei. Das finde ich wichtig: Verstorbene Kinder sind ja nicht einfach weg, sie leben weiter in unserer Erinnerung, bleiben Teil unseres Lebens!

Die Eltern haben beide Kinder bestattet. Es ist anrührend, mit ihnen am Grab zu stehen. Sie wünschten sich heute, es wäre ein anderer Friedhof gewesen, nicht so nahe an der Straße gelegen, das Grab eher bei anderen Kindergräbern. Damals aber musste alles zu schnell entschieden werden. Es gibt Kindergrabstätten anderer Art in Berlin, aber woher sollten sie das damals wissen? Ein „Umbetten" ist zu teuer. Wer spricht über so etwas, wer weiß das denn mitten im blühenden Leben, mitten in der Hoffnung auf ein Kind?

Einige Eltern, die ihre Kinder verloren haben, haben einen Bundesverband „Verwaiste Eltern" gegründet. Er gibt die Möglichkeit zu Austausch und Beratung. Ein Kind zu verlieren ist entsetzlich, die Angst aller Eltern. In so einem Fall zumindest reden zu können, Menschen zu kennen, die Ähnliches erlebt haben, eine Umgebung zu erleben, die entlastet, das ist besonders wichtig.

Trauer um ein ungeborenes Kind

Als ich für meine Trauung das Stammbuch meiner Eltern benötigte, fand ich mit Erstaunen den Eintrag eines vierten Kindes. Irgendwie war das in den Familienerzählungen nicht vorgekommen, es war nicht präsent. Erst in den letzten Jahren ist mir das bewusst geworden: Mein Bruder Robert wurde gut ein Jahr vor mir geboren. Er war eine Frühgeburt, lebte nur zwei Tage und verstarb kurz nach einer Nottaufe. Meine Eltern hatten keine Zeit zum Trauern. Arbeit stand an, zwei ältere Kinder waren zu versorgen. Als ich geboren wurde, hatte ich bei den Lehrlingen meines Vaters den Spitznamen „Der kleine Robert". Ich dachte immer, das beziehe sich auf die dunklen Haare oder dass ich gern in der Werkstatt war. Aber es hatte wohl auch eine tiefere Bedeutung.

Meine Schwester hat mich später auf das „Worldwide Candle Lightning" aufmerksam gemacht. Jedes Jahr, am zweiten Sonntag im Dezember, werden im Gedenken an alle verstorbenen Kinder Kerzen in die Fenster gestellt. Die Initiative wurde 1996 von verwaisten Eltern in den USA ins Leben gerufen und geht als Organisation auf die „Compassionate Friends" in England zurück. Ein trauriger Anlass, aber ein schöner Gedanke: für die in der Schwangerschaft oder bei der Geburt verstorbenen Kinder eine Kerze anzünden. Die gemeinsame Erfahrung verbindet so die Eltern, die Angehörigen und es ist tröstlich, den Verlust mit anderen zu teilen. Als meine Mutter davon hörte, hat sie meine Schwester gebeten, ebenfalls eine Kerze für meinen

Bruder zu entzünden. 1957 war noch nicht die gesellschaftliche Sensibilität vorhanden, den Verlust wahrzunehmen. Aber am Ende ihres Lebens konnte meine Mutter dem Raum geben.

Wie viele Frauen – und Männer! – hatten wohl nie Zeit zum Trauern? In Zeiten von Krieg und Not, in Zeiten von Sprachlosigkeit und Schock ging es schnell wieder zur Tagesordnung über. Heute ist deutlich, wie sehr ein abgetriebenes, ein in der Schwangerschaft verlorenes, ein totgeborenes Kind die Eltern und möglichen Geschwister nachhaltig belastet. Vor allem das Ignorieren legt sich schwer auf die Seele, kommt manches Mal erst am Ende des Lebens wieder zum Vorschein. Es ist gut, dass heute in unserem Land viel eher darüber gesprochen werden kann! Und es ist gut, wenn ältere Menschen über diesen Verlust am Ende doch noch sprechen können.

Trauer um verlorene Kinder

Ja, die Zeiten ändern sich – mit Blick auf die Trauer über ungeborene, abgetriebene, totgeborene Kinder können wir sagen: zum Besseren. Es gibt beispielsweise Trauerforen im Netz. Und: Auch Kinder mit einem Geburtsgewicht unter 500 Gramm werden heute würdig bestattet. Dies ist der Initiative von Barbara und Mario Martin zu verdanken, die selbst drei Kinder verloren und eine Gesetzesinitiative auf den Weg gebracht haben, damit auch Kinder mit einem geringen Geburtsgewicht (unter 500 Gramm) nicht mehr einfach in den Klinikmüll kommen und mit Namen im Familienstammbuch eingetragen werden können.[26]

26 Barbara und Mario Martin; Fest in unseren Herzen lebt ihr weiter, Asslar, 2014.

Immer mehr Friedhöfe bieten Kindergrabfelder an. Und es gibt Orte, an denen um verstorbene Kinder getrauert werden kann, die nicht bestattet wurden. Solche Erinnerungsorte für fehl- oder totgeborene, aber auch abgetriebene Kinder, die „Engelgrab" oder auch „Garten der Kinder" genannt werden, können Eltern helfen, den Verlust zu bewältigen. Es sind Orte, an denen die Trauer Gestalt findet. Kindergrabfelder auf Friedhöfen rühren besonders an. Sie zeigen die Liebe zum Kind auf unterschiedlichste Weise. Und lassen auch diejenigen, denen sie unbekannt sind, mit den Eltern mittrauern angesichts eines solchen Verlustes.

Beim Propheten Jesaja wird Gott zitiert mit den Worten: *Ich will euch trösten, wie einen seine Mutter tröstet.* Das ist für mich ein Gottesbild, das auch in solchen Situationen tragen kann. Bei Gott kannst du frei reden und getrost schweigen, du wirst gehalten, du musst dich nicht zusammenreißen, sondern Gott ist dein Gegenüber, bei dem du wirklich erst mal nur sein kannst. Selbst wenn du nicht gleich Lösungen für dein Leben findest. Gott handelt wie eine tröstende Mutter, die eben ihr Kind in den Arm nimmt und sagt, ich bin ja da. So getröstet sollten sich auch die Eltern wissen, die ein Kind verlieren.

„Gute Hoffnung – jähes Ende" – das ist der Titel einer kleinen Broschüre, die Eltern unterstützen will, die ihr Baby verloren haben.[27] Ich finde, sie ist gelungen, weil sie sehr konkret anspricht, was geschehen kann, von der Fehlgeburt bis zur Totgeburt. In der Broschüre finden sich gute Ratschläge wie zum Beispiel dass Eltern sehr viel Zeit für den Abschied zugestanden werden muss, wenn sie ihr totes Kind noch einmal im Arm

27 Gute Hoffnung – jähes Ende, hg. v. VELKD, Hannover 1996.

halten wollen. Hier zeigt sich eine neue Behutsamkeit und Sensibilität, die Eltern abholt. Manche haben das Gefühl, „offen und wund" zu sein, wollen am liebsten tagelang durchschlafen und müssen doch Wege finden, den Alltag zu bewältigen nach diesem so furchtbaren Verlust. Insofern ist die Broschüre auch für Pflegepersonal in Kliniken und Angehörige hilfreich: Wie gehen wir mit den derart erschütterten Eltern um? Und sie hilft, in Worte zu fassen, was schwer zu formulieren ist, den Schock etwa, ein totes Kind zur Welt bringen zu müssen.

Großer Trost findet sich in den alten Worten von Paul Gerhardt. Das wird daran liegen, dass dieser große evangelische Liederdichter selbst mehrfach erlebt hat, was es heißt, geliebte Menschen zu verlieren. Erst mit 48 hat er geheiratet, fünf Kinder brachte seine Ehefrau Anna zur Welt – vier von ihnen starben früh. Er erlebte die Schrecken des Dreißigjährigen Krieges und der Pest. Gegen allen Tod, gegen alles Leid, das er erlebt hat, dichtete er seine Lieder. Sie zeigen seine Liebe zum Leben, aber auch das Wissen um Verlust, Tod und Trauer. Mein Lieblingslied ist dieses: ∾

Befiehl du deine Wege
und was dein Herze kränkt
der allertreusten Pflege
des, der den Himmel lenkt.
Der Wolken, Luft und Winden
gibt Wege, Lauf und Bahn,
der wird auch Wege finden,
da dein Fuß gehen kann.

Dem Herren mußt du trauen,
wenn dir's soll wohlergehn;
auf sein Werk mußt du schauen,
wenn dein Werk soll bestehn.
Mit Sorgen und mit Grämen
und mit selbsteigner Pein
läßt Gott sich gar nichts nehmen,
es muß erbeten sein.

Paul Gerhardt

6 Wie kann Gott das zulassen? ∿
Vom Ringen mit Zweifeln

Im biblischen Buch Hiob heißt es: *Mein Lebensgeist ist gebro-chen, meine Tage sind verloschen, mein ist das Gräberfeld.*[28] Und weiter: *Mein Auge ist dunkel geworden vor Trauern, und alle meine Glieder sind wie ein Schatten.*[29] Das ist eine gute Beschreibung von Trauererfahrung bis heute, finde ich.

Diese biblische Geschichte erzählt von einem Mann, der zunächst alles zu haben scheint, was man sich wünschen kann. Er ist fromm, hat eine Frau, zehn gesunde Kinder, große Viehherden, ist ein angesehener Mann. Eine teuflische Frage wird gestellt: Ist dieser Hiob vielleicht nur so fromm, weil er alles sein Eigen nennen kann, was das Leben lebenswert macht: Frau, Kinder, Haus, Wohlstand? Und so findet eine Art Experiment statt zwischen Teufel und Gott: Trägt der Glaube Hiob, auch wenn ihm alles genommen wird?

Hiob verliert plötzlich nach und nach alles. Die Kinder sterben, das Vieh verbrennt. Wie konnte es dazu kommen? Hat er Schuld? Die große Frage in Zeiten des Unglücks. Die Geschichte kreist um die Herausforderung: Kann es denn sein, dass es einem Guten schlecht ergeht? Gibt es nicht doch einen Zusammenhang zwischen deinem Leben und dem, was du erlebst?

28 Vers 17,1; Bibel in gerechter Sprache 2006.
29 Vers 17,7; Lutherübersetzung 1984.

Weiter wird im Buch Hiob erzählt: *Als aber die drei Freunde Hiobs all das Unglück hörten, das über ihn gekommen war, kamen sie, ein jeder aus seinem Ort: Elifas von Teman, Bildad von Schuach und Zofar von Naama. Denn sie waren eins geworden hinzugehen, um ihn zu beklagen und zu trösten* (Hiob 2,11). Großartig, dass diese Freunde kommen! Sie wollen trösten, sie schweigen zunächst mit dem armen Mann, sind voller Mitgefühl. Dann aber fragen sie laut, ob Hiob nicht doch vielleicht selbst schuld sei an seinem Unglück. Am Ende hält Hiob stand. Er lässt sich nicht irritieren im Glauben, auch wenn er leiden muss und um seine Lieben trauert. Seine Geschichte ist für mich immer wieder mitreißend: Wie reagierst du, wenn du alles verlierst? Kannst du noch an Gott glauben, wenn du mit Verlust deiner Liebsten konfrontiert bist? Darf ich Gott anklagen für das Leid in der Welt?

Der Theologe Jürgen Ebach schreibt: „Hiob bekommt gegen die Freunde darin Recht, dass er in Klage und Anklage *zu* Gott redet, während die Freunde *über* Gott reden. Darin aber, dass er den Zustand der Welt allein an *seinem* Geschick ablesen will, bekommt Hiob Unrecht. Gott sorgt dafür, dass in der Welt verschiedene Interessen Platz haben – nicht nur die der Menschen. Die bunte Welt ist keine heile Welt. Hiob wird gesund, wenn er das anerkennen kann."[30]

Wenn wir über Trauer reden, dann geht es also darum, sie in unser Leben, in die Welt zu integrieren! Es geht nicht um Schuldzuweisungen oder Zweifel an Gott, sondern um ein neues Einordnen des eigenen Lebens. Das helle Licht der Aufmerksamkeit, der schöne Schein des Erfolgs – sie sind in der Tat

30 Bibel in gerechter Sprache, a.a.O., S. 1240.

absolut nichtig angesichts der eigenen Endlichkeit! Das zu erkennen macht nicht schwächer, sondern stärker, lässt bewusster leben und gibt auch dem Abschied und der Trauer angemessenen Raum!

Wie kann Gott das zulassen? Diese Frage steht immer wieder im Raum, wenn ein Mensch nach unserem Empfinden frühzeitig oder überraschend stirbt. Dann gibt es ein Gefühl der Gottverlassenheit – bei Gläubigen und selbst bei nicht gläubigen Menschen. Ein Unfall, eine plötzliche Erkrankung, eine tragische Verwicklung und wir zweifeln an Gott. Das gilt für das nahe Leid, wenn wir erschrecken, weil ein Mensch mitten aus dem Leben gerissen wurde, oder weil niemand helfen kann angesichts einer schrecklichen Diagnose. Aber es gilt auch für das ferne Leid, wenn wir uns hilflos fühlen angesichts von Kriegen und Naturkatastrophen in aller Welt. Wie kann Gott das zulassen, wie können wir an Gott glauben, wenn so etwas geschieht?

Selbst Jesus, so erzählt es das Markusevangelium, fühlte sich von Gott verlassen. Dort heißt es: *Und zu der neunten Stunde rief Jesus laut: Eli, Eli, lama asabtani? Das heißt übersetzt: Mein Gott, mein Gott, warum hast du mich verlassen?* (Mk 15,34). Jesus schreit in seiner schwersten Stunde nach Gott und tut dies mit den Worten eines alten Psalms (22), den er aus seinem jüdischen Glauben kennt.

Der Schmerz, das Aufbäumen, das ist schwer auszuhalten. Jesus hadert mit Gott. Mir ist genau das wichtig. Denn das erleben selbst die, von denen wir überzeugt sind, sie stehen stark im Glauben bzw. die dies von sich selbst annehmen. Da gibt es auf einmal in den schweren Stunden von Krankheit und Not ein Ringen mit Gott und dem Zweifel. Ich habe erlebt, dass Angehörige dadurch völlig irritiert, wenn nicht enttäuscht waren. Aber es ist Realität, auch der Zweifel hat seinen Ort, wenn es ums Sterben geht.

Jesus hat gelitten. Er war nicht eine triumphalistische Gottesgestalt, unberührt vom Leid der Welt, siegreich und heroisch. Nein, er ist elendig gestorben. In dem Roman des irischen Schriftstellers Colm Tóibín[31] „Marias Testament" wird dieser Tod ausführlich beschrieben. Die Mutter sieht ihren sterbenden Sohn. Es ist kaum erträglich, das zu lesen. „Ich versuchte, sein Gesicht zu sehen, während er vor Schmerzen schrie, aber es war so qualvoll verzerrt und mit Blut besudelt, dass ich niemanden sah, den ich gekannt hätte. Es war die Stimme, die ich wiedererkannte, die Geräusche, die er machte... Ich starrte voller Grauen hinüber..." In dieser Beschreibung wird der Tod Jesu nicht beschönigt. Es ist schwer, ihn als Erlösung zu deuten oder als gottgegeben anzusehen. Am Ende des Romans sagt Maria, die Mutter: „Das war es nicht wert."[32] O ja, das mögen manche für blasphemisch halten und ich muss sagen, gerade dieser Satz hat mich sehr irritiert. Jesus wird nicht heroisiert, sondern seine Geschichte wird ganz aus dem Blickwinkel der Mutter gesehen.

Genau das aber ist die Herausforderung für den christlichen Glauben. Ertragen wir es, nicht zu einem im weltlichen Sinne siegreichen Gott zu beten? Sondern zu einem Gott, der leidet, draußen vor dem Tor, ausgegrenzt aus der guten Gesellschaft! Was sagt das unserer Kirche, die doch manchmal gern in dieser guten Gesellschaft zugegen ist? Können wir die Ohnmacht

---

31 Colm Tóibín, Marias Testament, München 2014, S. 94. / 32 Ebd. S. 125.

Gottes am Kreuz anerkennen und gleichzeitig an Gottes Allmacht glauben? Das ist eine enorme Herausforderung, für das theologische Denken ebenso wie für unseren Glauben im Alltag.

Und doch sehe ich gerade da den Kern unseres Glaubens. „Jesu Verlassensschrei am Kreuz", so der Theologe Klaus-Peter Jörns, „ist der Schrei, in den alle Gewaltopfer dieser Welt einstimmen können, denn er ist schon vor und nach Jesus herausgeschrien worden und wird auch da herausgeschrieen, wo kein Gott angeredet wird. Doch die, die an Gott glauben, können ihre Verlassenheit so wie Jesus nur herausschreien, wenn sie auch wissen können, dass Gott sich selbst *nicht* in das mit ihnen geschehende Unrecht verwickelt und dadurch selbst korrumpiert hat. Die Würde des Menschen und der anderen Geschöpfe ist von Gott gewollt und geachtet."[33]

Das heißt: Wir können uns Gott gerade in den schwersten Stunden anvertrauen, weil Gott um Abgründe, Leid und Verzweiflung weiß. Aber Gott verursacht sie nicht! Diejenigen, die „draußen vor dem Tor" sind, nicht im Zentrum der Gesellschaft stehen, nicht in der Sonne des Erfolges, sie können Gott ihr Leid klagen. Gott weiß, wovon sie reden. Denn Gott hat selbst erlitten, was es heißt, Scham, Verspottung, Ausgegrenztsein, ja Ohnmacht zu erdulden.

Die Erzählung über das Sterben Jesu ist so eindrücklich, weil sie zweierlei zeigt. Zum einen ist da dieses Paradox: nach Gott fragen, Gott unser Leid klagen und genau damit die Existenz Gottes bejahen. Gerade wenn wir unsere Klage vor Gott bringen, fragen, zu Gott in Angst und Zorn schreien, drückt dies ja

---

33 Klaus-Peter Jörns, Notwendige Abschiede, Gütersloh 2005, S. 336.

aus, dass wir an Gott glauben. Und zum anderen kennt auch Jesus – und damit nach christlichem Glauben auch Gott! – das Gefühl von Gottverlassenheit. Das finde ich immer wieder irritierend, ja fast verstörend. Aber gleichzeitig ist es für mich ein Schlüssel zum Gottvertrauen. Weil Jesus diese Angst vor dem Tod und im Sterben dieses Gefühl der Gottverlassenheit kennt, kann ich mich Gott anvertrauen. Ich kann zu Gott schreien und verliere mich damit nicht im Leeren, weil Gottes Sohn selbst geschrien hat. Gott weiß, wovon ich rede. Meine menschlichen Ängste sind nicht getrennt von meinem Glauben. Ich kann darüber mit Gott in einen Dialog treten. Du darfst schreien, heißt auch: Angst haben und Zweifeln sind kein Verneinen des Glaubens, sondern Teil des Glaubens.

Deshalb muss aus einer Glaubenshaltung heraus der Tod nicht in irgendeiner Weise schöngeredet werden. Sterben tut weh, das ist nicht zu leugnen. Martin Luther schreibt: *Ich sehe die Beispiele ungern, in denen man berichtet, dass man gern stirbt. Viel lieber sehe ich die, die vor dem Tod zagen, zittern, erblassen und dennoch hindurch gehen. Den großen Heiligen ergeht es so, dass sie nicht gern sterben. Die Furcht kommt aus der Natur, denn der Tod ist eine Strafe, also ist er traurig. Dem Geist entsprechend stirbt man gern, gemäß dem Fleisch aber heißt es: „Und führen, wohin du nicht willst". In den Psalmen und anderen Erzählungen wie etwa bei Jeremia sieht man, wie einer sich gern davon befreit hätte. „Hütet euch" sagt er, „dass ihr nicht unschuldiges Blut vergießt!" Auch Christus sagt: „Dieser Kelch möge an mir vorüber gehen!" Das alles geht in eine andere Richtung.*[34]

Es wäre falsch, den Tod auf die leichte Schulter zu nehmen! Vielmehr, das sagt Luther immer wieder, gibt es die Angst vor

---

34 Tischreden. 408.1531.WATR 3;187 in der Übertragung von Ralph Ludwig, in:. Margot Käßmann (Hg.), Luther lesen, Frankfurt 2012, S. 107.

dem Tod, um uns lebensklug zu machen, wie es in Psalm 90 formuliert wird. Dort heißt es:

Herr, du bist unsre Zuflucht für und für. Ehe denn die Berge wurden und die Erde und die Welt geschaffen wurden, bist du, Gott, von Ewigkeit zu Ewigkeit. Der du die Menschen lässest sterben und sprichst: Kommt wieder, Menschenkinder! Denn tausend Jahre sind vor dir/wie der Tag, der gestern vergangen ist, und wie eine Nachtwache. Du lässest sie dahinfahren wie einen Strom, sie sind wie ein Schlaf, wie ein Gras, das am Morgen noch sprosst, das am Morgen blüht und sprosst und des Abends welkt und verdorrt. Das macht dein Zorn, dass wir so vergehen, und dein Grimm, dass wir so plötzlich dahinmüssen. Denn unsre Missetaten stellst du vor dich, unsre unerkannte Sünde ins Licht vor deinem Angesicht. Darum fahren alle unsre Tage dahin durch deinen Zorn, wir bringen unsre Jahre zu wie ein Geschwätz. Unser Leben währet siebzig Jahre, und wenn's hoch kommt, so sind's achtzig Jahre, und was daran köstlich scheint, ist doch nur vergebliche Mühe; denn es fähret schnell dahin, als flögen wir davon. Wer glaubt's aber, dass du so sehr zürnest, und wer fürchtet sich vor dir in deinem Grimm?

Lehre uns bedenken, dass wir sterben müssen, auf dass wir klug werden.

HERR, kehre dich doch endlich wieder zu uns und sei deinen Knechten gnädig! Fülle uns frühe mit deiner Gnade, so wollen wir rühmen und fröhlich sein unser Leben lang. Erfreue uns nun wieder, nachdem du uns so lange plagest, nachdem wir so lange Unglück leiden. Zeige deinen Knechten deine Werke und deine Herrlichkeit ihren Kindern. Und der Herr, unser Gott, sei uns freundlich und fördere das Werk unsrer Hände bei uns. Ja, das Werk unsrer Hände wollest du fördern!

Was für ein bewegender Text, auch dreitausend Jahre später. *Lehre uns bedenken, dass wir sterben müssen, auf dass wir klug werden.* Das ist ein wichtiger, ein fundamentaler, kluger, lebensweiser Satz. Und dass das Werk unserer Hände gesegnet sein möge, hoffen wir. Wie schnell das Leben dahinfährt, erleben wir. – Gerade wenn wir älter werden, wird uns das bewusst.

Sterben und Tod bringen Angst, Schmerz und Trauer mit sich. Sterben tut weh. Nur denke ich, dass diese Gefühle, diese tiefen existenziellen Erfahrungen, unser Leben nicht verschlechtern, sondern bereichern. Eine Krebsdiagnose lässt manches in anderem Blickwinkel erscheinen. Einen Sterbenden begleiten, gibt vielen Dingen eine neue Gewichtung. Wir lernen viel über das Leben in solchen existenziellen Situationen. Und wir erfahren unseren Glauben neu – gerade im Fragen, angesichts aller Zweifel und Ängste.

Das Kreuz bedeutet mir dabei als Symbol viel. Es ist für mich nicht ein Zeichen von Schrecken und Angst, wie manche meinen, sondern eine Ermutigung. Im christlichen Glauben muss ich den Schmerz des Todes nicht leugnen. Die weinenden Frauen unter dem Kreuz zeigen sehr real, wie bitter es ist, einen lieben Menschen zu verlieren. Der Tod Jesu zeigt, wie schwer Sterben sein kann. Aber der Tod hat nicht die endgültige Macht. Auch dafür steht das Kreuz. Am Ende wird es sich nicht als Sackgasse eines jungen Lebens erweisen, sondern als Doppelpunkt hin zu neuem Leben.

Das kann niemand beweisen, das kann nur geglaubt und gehofft werden. Zeigt die Horizontale des Kreuzes die Begrenztheit des irdischen Lebens auf, weist die Vertikale in Richtung Himmel und Gottes Ewigkeit, in der alles neu werden kann. So drückt es der zweite Petrusbrief voller Hoffnung aus (3,13): *Wir warten aber auf einen neuen Himmel und eine neue Erde nach seiner Verheißung, in denen Gerechtigkeit wohnt.* Die ausgebreiteten Arme des selbst leidenden Jesus sind auch ausgestreckt hin zu den anderen, die leiden. Von der Erde her weist das Kreuz gleichzeitig auf den Himmel hin, die Zukunft bei Gott, auf die wir hoffen dürfen.

Glaubenszuversicht muss Schmerz und Leid nicht ignorieren, abtun, kleinreden. Dafür steht das Kreuz. Auch Martin Luther kennt den Schmerz, die bedrückende Realität des Todes. Sehr anrührend schreibt er beispielsweise über den Tod seiner kleinen Tochter Magdalene: *Ich vermute, dass die Nachricht zu Dir gelangt ist, daß Magdalene, meine von Herzen geliebte Tochter, wiedergeboren ist zum ewigen Reich Christi. Und obwohl ich und meine Frau nur fröhlich Dank sagen sollten für ihren so glücklichen Heimgang und ihr seliges Ende…, …so ist doch die Macht der natürlichen Liebe so groß, dass wir es ohne Schluchzen und Seufzen des Herzens, ja ohne große Abtötung nicht vermögen.… Sie war (wie Du weißt) von sanftem und freundlichem Wesen und allen lieb. Gelobt sei der Herr Jesus Christus, der sie berufen hat, erwählt und verherrlicht. Würde doch mir und allen den Meinen und all den Unseren ein solcher Tod, oder vielmehr ein solches Leben zuteil; das allein erbitte ich von Gott, dem Vater allen Trostes und aller Barmherzigkeit. In ihm lebe recht wohl mit Deiner ganzen Familie, Amen.*[35]

Mich berührt das, weil hier weder Todessehnsucht, ein „näher, mein Heiland zu dir", noch gar eine Verklärung des Sterbens ausgedrückt werden, sondern schlicht Trauer, Tränen und

35 Brief an Justus Jonas. 23. September 1542. WA Br 10; 149 f. Nr. 3794 in der Übertragung von Ralph Ludwig, a. a. O., S. 153.

Unglücklichsein. Dies hat seinen Raum und wird im Christentum nicht ausgeblendet. Manches Mal wurde gesagt, Christentum sei eine Religion der Schwäche. Wie kann denn Gott selbst ohnmächtig sein? Für mich ist diese Ohnmacht Gottes der Dreh- und Angelpunkt, auch die Frage zu begreifen, wie Gott es zulassen kann, wenn ich Leid erlebe, Leid anderer sehe, mich hilflos fühle, weil ich nichts tun, nichts ändern kann an all dem Sterben. Auch Gott kann das Leid dieser Welt nur hilflos ansehen.

Durch seine Wunden sind wir geheilt heißt es beim Propheten Jesaja (53,5) – von Gottes Verwundung ist die Rede, lange vor der Erfahrung Jesu. Wunden der Menschheit, das sind dann wohl auch Wunden Gottes. Schreie. Der Schrei *„Mein Gott, mein Gott, warum hast du mich verlassen?"* ist ja bis heute in der Welt zu hören. Aber es ist eben auch der Schrei Jesu.

Das Entsetzen, das uns ergreift, wenn wir die Opfer in unserer Welt ansehen, kann kaum in Worte gefasst werden. Zuallererst ist angesichts solcher Verletzungen wohl Schweigen angesagt. Solches Schweigen, diese Klage, derartiges Schreien, diese Stunden zwischen Karfreitag und Ostersonntag, sie haben ihr eigenes Recht. In der Passionsgeschichte ist mir wichtig, dass es Zeit braucht vom Karfreitag bis zum Ostersonntag, vom Sterben bis zur Erfahrung der Auferstehung.

Am liebsten gehe ich am Karfreitag um 15 Uhr in den Gottesdienst zur Andacht zur Sterbestunde. Dort wird in der Regel nur die Passionsgeschichte verlesen, begleitet von Musik. Es gibt ansonsten keine Predigt oder Liturgie. Und die Geschichte allein wirkt auch heute eindringlich. All die beteiligten Personen stehen mir dann wieder neu vor Augen: Judas, der Verräter, Pontius Pilatus, der verurteilt wird und doch die Hände in Unschuld waschen will. Das Volk, das sich verführen lässt und lieber den Mörder in Freiheit sehen möchte als den Propheten. Petrus, der den Freund schnell verleugnet – eindrücklich sind diese Menschen bis heute, weil wir so vieles nachempfinden können: die Angst, die Fragen, die Verzweiflung. Und dann endet das Sterben Jesu im Matthäusevangelium mit den Worten: *Aber Jesus schrie abermals laut und verschied* (27,50).

Wir hören noch, dass der Vorhang im Tempel zerriss, die Erde bebte, ein römischer Hauptmann die Erkenntnis hatte, dass Jesus wirklich Gottes Sohn war und die Frauen weinten. Josef von Arimathäa sorgt für ein würdiges Begräbnis und Pilatus lässt das Grab bewachen.

Danach gibt es eine Lücke im Handlungsstrang und die Erzählung geht weiter mit den Worten: *Als aber der Sabbat vorüber war* (Mt 28,1). Das finde ich interessant. Über diesen Sabbat wird nichts gesagt! Wie sah der Tag wohl aus für alle Beteiligten? Haben sie geweint, haben sie geschwiegen, sind sie verzweifelt? Nachdem vorher so viele Details berichtet wurden, breitet sich über diesen Sabbat eine Art großes Schweigen. Offenbar fehlen die Worte auszudrücken, wie es den Menschen ging, nach all dem Schrecken, all dem Leid. Das finde ich symbolisch wichtig. Manchmal lässt sich nichts mehr sagen. Da brauchen wir Stille, Ruhe, Schweigen.

Mitten in den tiefen Erfahrungen von Gottverlassenheit hilft kein schneller Trost, kein lapidares „wird schon wieder". Dann gilt es erst einmal auszuhalten, dass es jetzt so ist. Dabei geht es auch nicht darum, nach Gründen zu suchen: Wie konnte das passieren? Oder: Wie konnte Gott das zulassen? Die Kreuzigungsszene drückt aus, dass Gott selbst mitleidet, wo Menschen verwundet sind, von Leid erschüttert werden. Das Geschehen

auf dem Hügel Golgatha stellt den sogenannten „Tun-Er-
gehens-Zusammenhang", also die Abfolge von Handeln und
Konsequenz, infrage. Jesus hatte das Leiden eben nicht „verdient"!

Auch Hiob, von dem ich bereits erzählt habe, erfährt ent-
setzliches Unglück. Und die Freunde, die ihm beistehen wollen,
suchen immer wieder im Gespräch nach Ursachen. Was kann
Hiob getan haben, dass er so sehr gestraft wird? Aber das Leiden
findet keine Erklärung. Hiob nimmt am Ende das Leiden hinein in seinen Glauben, seine Gottesbeziehung. Es gibt bis zum
Schluss für ihn keine klare Antwort auf das „Warum?".

Gott schickt nicht Strafe und Leid. Und Gott verlässt uns
nicht, wenn wir leiden. Gerade dann können wir uns Gott anvertrauen. In Jesus Christus offenbart sich Gott ein für alle Mal
als ein liebender Gott, der unter Verzicht auf menschliche Macht
und Gewalt den Menschen begleitet durch die tiefen Täler des
Lebens. Das können wir immer wieder schwer verstehen. Was
für eine Provokation! Sie beginnt schon damit, dass Gott als
Kind zur Welt kommt. Ein Säugling! Jeder und jede, die das Zusammenspiel von Schmerz und Hoffnung während einer Geburt
erlebt haben, ahnt die Dimension dieser Provokation.

Gott, der qualvoll am Kreuz stirbt! Muss Gott nicht ein star-
ker Held sein, der alle besiegt? Oder einer, der über allem steht?
Können wir an einen ohnmächtigen Gott glauben – oder ist das
nicht geradezu lächerlich? Die Geschichte von Jesus Christus
fordert uns dazu heraus, die Allmacht und die Ohnmacht Gottes zusammen zu denken. Dietrich Bonhoeffer schreibt: „Gott
läßt sich aus der Welt hinaus drängen ans Kreuz, Gott ist ohnmächtig und schwach in der Welt und nur so ist er bei uns und

hilft uns."[36] Und der Glaube an die Auferstehung weist uns auf Großes hin: Gott will das Leiden schon in dieser Welt überwinden, mit der Macht der Liebe allein – nicht mit Krieg, durch Imperien oder Gewalt. Wer immer den Namen Gottes im Munde führt, sollte das bedenken! O ja, die Liebe ist verletzlich, verwundbar, aber sie ist auch stärker als der Tod! Von dieser Verheißung auf Gottes neue Welt leben Christinnen und Christen.

Wir können uns Gott mit all unseren Verwundungen und Verletzungen, Ängsten und Fragen anvertrauen. Das hat Jesus Christus verkündigt, dafür hat er gelebt und ist er gestorben. An diesen Gott halten wir uns, er ist unser Heiland. Martin Luther sprach immer wieder vom *Verborgensein Gottes*, auf Lateinisch: deus absconditus. Er hat selbst die Erfahrung gemacht, dass Gott uns oftmals fremd bleibt. Aber gleichzeitig hat er darauf vertraut, dass alles in Gottes Hand ist. Die Grundlage war für ihn Jesus, sein Leben, sein Zeugnis, da fand er den greifbaren, erfahrbaren Gott, den deus revelatus. Es bleibt also beim Nachdenken und bei der Auseinandersetzung um die Frage der Allmacht Gottes und wie er das Leid zulassen kann. Nein, bessere Antworten als die Generationen vor uns haben wir nicht. Mir liegt daran, dass wir nicht ertragen, keine exakten oder logischen Antworten zu finden, sondern den Mut haben, uns Gott anzuvertrauen, im Wissen darum, dass Gott Leben will und nicht Tod. Vielleicht lässt sich das herunterbrechen auf das Bild des Kindes mit der Angst vor dem Sprung vom Dreimeterbrett. Irgendwann muss es schlicht vertrauen, dass das Wasser es auffangen wird – und springen. Es geht letztlich immer um das Vertrauen Jesu, das Lukas bezeugt: *Vater, ich befehle meinen Geist in deine Hände* (Lk 23,46). Jesus hat aus dem Schrei der

36 Dietrich Bonhoeffer, Widerstand und Ergebung, Brief vom 16. Juli 1944.

Gottverlassenheit zurückgefunden zum Gottvertrauen. Nein, das ist kein schneller Weg. Jesus geht offensichtlich voller Wunden in Gottes Reich. Er zeigt dem ungläubigen Thomas keinen makellosen unverwundeten Körper. Gerade an den Wunden erkennen die Jüngerinnen und Jünger den Auferstandenen.

Selbst wenn unsere Wunden, unsere Verletzungen, unsere Brüche im Leben heilen, bleiben sie Teil unserer Geschichte. Sie können vernarben, aber nicht aus unserem Gedächtnis getilgt werden. Es gibt kein Leben ohne Brüche, ohne Narben.

Die Jüngerinnen und Jünger gewinnen ihr Gottvertrauen zurück, als Jesus die verschlossenen Türen durchbricht. Dieses Vertrauen ermöglicht Gottes Geist, den er ihnen zusagt, den wir auch heute spüren können, wenn wir uns dafür öffnen. In diesem Vertrauen gehen wir mitten in einer verwirrten Welt unbeirrt unseren Weg, als eine Gemeinschaft der Hoffnung, die glaubt, dass die Liebe Gottes stärker ist als Hass, Gewalt, Grauen und Tod.

Als Christinnen und Christen haben wir den Mut, die Wunden anzusehen, können wir Gottes Ohnmacht und Gottes Allmacht zusammendenken. Ja, wir müssen die Gebrochenheit des Lebens aushalten, die Kreuzeserfahrung als Teil des Lebens annehmen.

Luther schreibt, der Tod sei am Ende nur ein „Tödlein"[37], nämlich dann, wenn wir uns ganz und gar der Gnade Gottes anvertrauen. Er versteht ihn mit Paulus als „der Sünde Sold" (Römer 6,23). Sünde ist für ihn aber nicht die einzelne Verfehlung, wie sie heute oft banalisiert oder auch moralisiert wird. Sünde

37 WA 22, 100, 13 f.

ist die Abkehr von Gott, eine Lebenshaltung, die meint, sehr gut ohne Gott auskommen zu können im Leben. Am Sonntag Invokavit sagt Luther nach seiner Rückkehr von der Wartburg im Jahr 1522: „Wir sind allesamt zum Tod gefordert, und keiner wird für den andern sterben, sondern jeder in eigener Person für sich mit dem Tod kämpfen… Ich werde dann nicht bei dir sein noch du bei mir…"[38]

Das ist noch einmal ein gewichtiger Hinweis des Reformators. Ich muss meinen Tod selbst und allein sterben. Und die Frage „Warum ich?" ist nicht so entscheidend. „Warum ich nicht?", könnten wir auch fragen. Warum sollte ich in einer Welt, die Krankheit, Krieg, Tod, Verletzung kennt, davon verschont bleiben? Die Dankbarkeit für das Nichtbetroffensein kennen wir ja selten, wir leben oft in den Tag hinein, wenn wir das Privileg genießen, gesund und frei leben zu dürfen. Aber wenn dann Leid in unser Leben eintritt, empfinden wir es als ungerecht. Das ist eine Frage des Blickwinkels. Und doch: Klagen dürfen wir! Klage zu Gott ist Teil der Gottesbeziehung.

Die Evangelien kennen beides: Am Ende von Jesu Leben steht das Ringen um den Glauben, der Schrei nach Gott, das Gefühl der Gottverlassenheit und gleichzeitig das Gottvertrauen, das alles trägt. Genau das erleben Menschen immer wieder auch heute, wenn sie Sterbende begleiten. Es gibt Zweifel und Fragen, die niemand letztgültig beantworten kann. Manches Mal können wir sie nur schweigend miteinander aushalten. Und es gibt das Vertrauen, dass Gott uns hält in dieser Welt und über diese Welt hinaus, die Hoffnung auf den neuen Himmel und die neue Erde. ∾

38 WA 10/3, 1,7-2.2.

die frage lautet warum

oder warum nicht
gibt es nicht anfang

und schluss
wir sind immer mittendrin

auch im letzten atemzug
auch wenn wir täglich

ins Bett steigen
um zu üben

Eva Zeller

7 Auferstanden von den Toten ∾ Zuversicht des Glaubens

Kurz nach meinem Dienstantritt als Landesbischöfin wurde ich mit dem Fall eines Pastors konfrontiert, der sich auf der Kanzel rasiert hatte. „Werden Sie ihn disziplinarrechtlich belangen?", war die Frage. Ich habe gesagt: „Er hat sich auf der Kanzel rasiert? Das glaube ich nicht!"

Und so kam es zum Gespräch mit dem Pastor, der erklärte, genau das sei doch der Sinn gewesen. Er habe am Sonntagmorgen auf der Kanzel Rasierschaum und Pinsel herausgeholt, sich in Seelenruhe rasiert, in den Spiegel geguckt und dann zur Gemeinde gesagt: „Wenn Sie jetzt nach Hause gehen und *das* erzählen, wird Ihnen jeder sagen: Das glaube ich nicht. Genauso war es an Ostern, als die Ersten erzählt haben: ‚Er ist auferstanden, er ist wahrhaftig auferstanden!'"

Bis heute bin ich mir nicht ganz sicher, ob ich das nun einen hilfreichen Zugang finde oder nicht. Das Rasieren auf der Kanzel und die Auferstehung sind dann doch noch zwei ziemlich verschiedene Paar Schuhe. Aber dennoch hat der Pastor hier einen Punkt erwischt: den Unglauben der ersten Jüngerinnen und Jünger, der uns bis heute mit Blick auf die Auferstehung prägt. Und es ist doch auch eine lustige Geschichte, selbst Protestanten dürfen mal lächeln!

Gerade in unserer aufgeklärten, technologisierten Welt, in der die NSA scheinbar alles weiß zwischen Himmel und Erde, scheint das Thema Auferstehung kaum noch einen Ort zu finden. Der Religionsmonitor der Bertelsmann Stiftung zeigt allerdings: „Eine Mehrheit der Deutschen glaubt an ein Leben nach dem Tod – zum Beispiel an die Auferstehung der Toten, die Unsterblichkeit der Seele oder die Wiedergeburt. Dagegen lehnt ein Drittel der Bundesbürger derartige Vorstellungen eindeutig ab, wie die Bertelsmann Stiftung mit Verweis auf eine von ihr durchgeführte repräsentative Umfrage mitteilte. Danach befragt, wie stark sie an ein Leben nach dem Tod glauben, erklärten 33 Prozent der befragten Deutschen, dass sie dies ‚sehr‘ oder ‚ziemlich‘ fest glauben. 33 Prozent geben ‚mittel‘ oder ‚wenig‘ als Antwort und 32 Prozent glauben ‚gar nicht‘ daran. Dabei ist der Auferstehungsglaube in der Bevölkerung sehr unterschiedlich verbreitet. Insbesondere zeigen sich starke Unterschiede zwischen Ost und West. Während 60 Prozent der Ostdeutschen mit der Vorstellung von einem Weiterleben nach dem Tod gar nichts oder nur wenig anfangen können, sagen dies nur 25 Prozent der Westdeutschen. ‚Ziemlich‘ oder ‚sehr‘ stark glauben dagegen nur 13 Prozent der Ostdeutschen daran, aber wiederum 38 Prozent der Westdeutschen. Frauen erwarten dabei häufiger als Männer ein Weiterleben nach dem Tod."[39]

Das finde ich interessant. Auch die Bibel erklärt ja nicht, was und wie das Leben nach dem Tod sein wird. Sie berichtet schlicht von der Erfahrung der Menschen, die Jesus begleitet haben, dass der Tod nicht das letzte Wort hatte. Sie haben Gottes Präsenz erlebt. Beim Evangelisten Markus heißt es im 16. Kapitel (9 ff.):

---

39 Viele Deutsche glauben an ein Leben nach dem Tod, DIE WELT, 3. April 2009.

Als aber Jesus auferstanden war früh am ersten Tag der Woche, erschien er zuerst Maria von Magdala, von der er sieben böse Geister ausgetrieben hatte. Und sie ging hin und verkündete es denen, die mit ihm gewesen waren und Leid trugen und weinten. Und als diese hörten, dass er lebe und sei ihr erschienen, glaubten sie es nicht. Danach offenbarte er sich in anderer Gestalt zweien von ihnen unterwegs, als sie über Land gingen. Und die gingen auch hin und verkündeten es den andern. Aber auch denen glaubten sie nicht. Zuletzt, als die Elf zu Tisch saßen, offenbarte er sich ihnen und schalt ihren Unglauben und ihres Herzens Härte, dass sie nicht geglaubt hatten denen, die ihn gesehen hatten als Auferstandenen. Und er sprach zu ihnen: Gehet hin in alle Welt und predigt das Evangelium aller Kreatur.

Können wir das heute ernst nehmen in einer aufgeklärten Welt? Hatten die Leute Visionen? Gibt es da überhaupt Fakten oder ist das schlicht unbewältigte Trauerarbeit?

Zuallererst ist mir wichtig, dass die Evangelien nicht behaupten, Jesus sei dagewesen wie zuvor. Nein, da ist ein Bruch, eine Veränderung. Die Auferstehung bleibt schon in den ersten Zeugnissen „ein irritierendes Phänomen, das die Nachbarschaft des Unglaubwürdig-Mirakulösen nie verliert"[40], wie Bernd Oberdorfer schreibt. Niemand kann sagen: Das sind die Fakten! Niemand hat, banal gesagt, mitgefilmt oder kann durch Augenzeugen belegen, wie es genau war. Manche sagen: Das Grab muss leer gewesen sein, sonst ist alles unglaubwürdig. Nein, denke ich. Es geht um die Wirkung, die wir noch über Jahrtausende hinweg bei den Jüngerinnen und Jüngern wahrnehmen können, wie es

---

40 Bernd Oberdorfer, „Was sucht ihr den Lebenden bei den Toten", in: Die Wirklichkeit der Auferstehung, hg. v. Hans-Joachim Eckstein und Michael Welker, Neukirchen 2002, S. 165 ff.; S. 180.

die biblischen Texte erzählen: Wir sind nicht der Angst verhaftet geblieben. Der Tod hatte das Leben nicht endgültig besiegt in der Geschichte des Jesus von Nazareth. Ob das Grab nun faktisch leer war oder nicht, das ist dann nicht der entscheidende Gedanke. Ob der Leichnam auffindbar war oder nicht, ist nicht die allein relevante Frage. Gewiss, gegen allen Zweifel soll der „ungläubige Thomas" den Körper Jesu, seine Narben ertastet haben. Doch der Apostel Paulus wird später schreiben: *Es wird gesät in Niedrigkeit und wird auferstehen in Herrlichkeit. Es wird gesät in Armseligkeit und wird auferstehen in Kraft. Es wird gesät ein natürlicher Leib und wird auferstehen ein geistlicher Leib* (1 Kor 15,43–44a).

Es geht also nicht um eine Art Wiederbelebung eins zu eins, davon erzählen die Evangelien nicht. Es wird auch nirgends beschrieben, wie Auferstehung faktisch geschieht. In den Zeugnissen ist immer die Irritation zu erkennen, die Frage: „Kann das sein?", die Beunruhigung: „Ist es Jesus selbst?" Die Angst, wenn er durch verschlossene Türen hindurch anwesend zu sein schien. Und dann, wie berichtet wird, diese plötzliche Erkenntnis: Doch, ja, das ist Jesus selbst. Der Auferstandene, Christus – er ist lebendig. Besonders gut schildert das die sogenannte Emmausgeschichte (Lk 24,13–32):

Und siehe, zwei von ihnen gingen an demselben Tage in ein Dorf, das war von Jerusalem etwa zwei Wegstunden entfernt; dessen Name ist Emmaus. Und sie redeten miteinander von allen diesen Geschichten. Und es geschah, als sie so redeten und sich miteinander besprachen, da nahte sich Jesus selbst und ging mit ihnen. Aber ihre Augen wurden gehalten, dass sie ihn nicht erkannten. Er sprach aber zu ihnen: Was sind das für Dinge, die ihr miteinander verhandelt unterwegs? Da blieben sie traurig stehen. Und der eine, mit Namen Kleopas, antwortete und sprach zu ihm: Bist du der Einzige unter den Fremden in Jerusalem, der nicht weiß, was in diesen Tagen dort geschehen ist? Und er sprach zu ihnen: Was denn? Sie aber sprachen zu ihm: Das mit Jesus von Nazareth, der ein Prophet war, mächtig in Taten und Worten vor Gott und allem Volk; wie ihn unsre Hohenpriester und Oberen zur Todesstrafe überantwortet und gekreuzigt haben. Wir aber hofften, er sei es, der Israel erlösen werde. Und über das alles ist heute der dritte Tag, dass dies geschehen ist. Auch haben uns erschreckt einige Frauen aus unserer Mitte, die sind früh bei dem Grab gewesen, haben seinen Leib nicht gefunden, kommen und sagen, sie haben eine Erscheinung von Engeln gesehen, die sagen, er lebe. Und einige von uns gingen hin zum Grab und fanden's so, wie die Frauen sagten; aber ihn sahen sie nicht. Und er sprach zu ihnen: O ihr Toren, zu trägen Herzens, all dem zu glauben, was die Propheten geredet haben! Musste nicht Christus dies erleiden und in seine Herrlichkeit eingehen? Und er fing an bei Mose und allen Propheten und legte ihnen aus, was in der ganzen Schrift von ihm gesagt war. Und sie kamen nahe an das Dorf, wo sie hingingen. Und er stellte sich, als wollte er weitergehen. Und sie nötigten ihn und sprachen: Bleibe bei uns; denn es will Abend werden und der Tag hat sich geneigt. Und er ging hinein, bei ihnen zu bleiben. Und es geschah, als er mit ihnen zu Tisch saß, nahm er das Brot, dankte, brach's und gab's ihnen. Da wurden ihre Augen geöffnet und sie erkannten ihn. Und er verschwand vor ihnen. Und sie sprachen untereinander: Brannte nicht unser Herz in uns, als er mit uns redete auf dem Wege und uns die Schrift öffnete?

„Brannte nicht unser Herz?" – das ist eine wunderbare Aussage über das Empfinden derer, die wahrgenommen haben: Nach der Erfahrung des Todes ging das Leben weiter, unsere Geschichte mit Jesus hat am Kreuz nicht ihr Ende gefunden. Oder war es das, was die Jüngerinnen und Jünger hofften? Hat ein

Mensch, der an Auferstehung von den Toten glaubt, vielleicht schlicht Lebensangst?

Mir ist sehr klar, dass viele diesen Glauben an die Auferstehung als das ansehen, was Karl Marx als „Opium des Volkes" bezeichnet hat. Eine Art Beruhigungsmittel für Menschen, die in dieser Welt leiden und auf die nächste vertröstet werden. Nach dem Motto: Haltet die Ungerechtigkeit dieser Welt leidend aus, in der nächsten Welt werdet ihr reichlich entlohnt. Und ja, in der Bibel gibt es auch hierzu Texte, die das aussagen. Etwa die Geschichte vom reichen Mann und dem armen Lazarus. Der Reiche, der Lazarus vor seiner Tür verachtet, realisiert leidend im Höllenfeuer die Fehler seines Lebens. Lazarus aber liegt wohl behütet in Abrahams Schoß (Lk 16,20 ff.). Das deutet in der Tat darauf hin, dass es in Gottes Zukunft eine Art ausgleichende Gerechtigkeit geben wird. Und das treibt uns ja auch heute um. Wie wird es den Mördern und Menschenverächtern in Gottes Zukunft ergehen? Können wir uns vorstellen, dass Hitler, Stalin, Pol Pot Gnade von Gott erwarten können?

Auf die eine Frage, ob Glaube eine Art „Beruhigungspille" angesichts all des Leids in der Welt ist, habe ich für mich eine Antwort und die heißt: Nein. Glaube beruhigt nicht, sediert nicht wie ein Opiat, sondern ermutigt zum Leben und auch zum Aufbegehren gegen Unrecht und Gewalt.

Für viele hängt mit der Frage nach dem Lebensende auch die Frage nach dem „Jüngsten Gericht" zusammen. Im apostolischen Glaubensbekenntnis sprechen wir ja: „Er wird kommen, zu richten die Lebenden und die Toten." Der SPIEGEL hat mich im vergangenen Jahr in einem Interview gefragt, ob ich an die Hölle glaube. Ich habe geantwortet: „Ob es eine ewige

Verdammnis der Sünder und eine Hölle gibt, diese Frage überlasse ich lieber Gott."[41] Einerseits wünsche ich mir natürlich, dass die Menschen, die bemüht sind um rechtschaffenes Leben, dafür Anerkennung finden werden. Und ein Jüngstes Gericht, vor dem sich die Täter dieser Welt verantworten müssen, das erhoffen sich wohl alle Opfer. Aber muss nicht der Blick auf ein Leben, das Leid für andere verursacht hat, ja todbringend war, in sich selbst entsetzlich genug sein? Und ist nicht der Vergebungsgedanke entscheidender Faktor der Freiheit im christlichen Glauben? Gut, wenn das alles Gottes eigenem Ratschluss anheimgestellt bleibt...

Martin Luther lag daran, dass Menschen sich mit dem Tod befassen, sich auf den Tod vorbereiten. Aber sie sollten es in Gottvertrauen und nicht mit Furcht und Schrecken tun. Angst beherrschte damals viele, vor allem die Angst vor Fegefeuer und Höllenqualen. Nur aufgrund dieser Angst konnte der Ablasshandel blühen. Gegen diese Angst stellte Luther seine Lehre von der Rechtfertigung – allein aus seinem Glauben heraus. Schon in seinen Thesen von 1517 prangerte er an, dass die Kirche meinte, Ablass im wahrsten Sinne des Wortes verkaufen zu können. Am Ende führte die Auseinandersetzung dazu, dass die abendländische Kirche des Mittelalters auf verschiedenen Wegen in die Zukunft gehen sollte.

Luther war klar geworden: Wir müssen nicht in Angst vor Gott und voller Furcht vor Gericht, Fegefeuer und Hölle leben. Gott sagt uns Lebenssinn zu, darauf dürfen wir vertrauen und alles tun, um so gut wir können verantwortlich vor Gott zu leben. Nichts, was du tust oder leistest, bringt dir einen gnädigen

41 „Dort sind alle Tränen abgewischt", SPIEGEL-Gespräch, in: DER SPIEGEL 30/2013, S. 44 f.

Gott, sondern du musst dich ganz auf die Gnade Gottes verlassen. Aber gerade weil ich das glauben darf, werde ich alles tun, um in Verantwortung vor Gott, nach Gottes Willen zu leben! So schreibt Luther:

Ich bin, stehe und liege hier in Gottes Willen, dem habe ich mich ganz ergeben, er wird es wohl machen! Denn das weiß ich gewiss, dass ich sterben werde, denn Er ist das Leben und die Auferstehung, und wer da lebt und glaubt an ihn, der wird nicht sterben, und wenn er auch gleich stirbt, so wird er leben. Darum befehle ich es seinem Willen, er wird es wohl machen.[42]

Dies zeigt sehr schön Luthers Schwanken zwischen Ängsten und Zweifeln einerseits und dem Gottvertrauen andererseits und erinnert zudem an den Sinneswandel, der auch bei Jesus zu sehen war: von „Warum hast du mich verlassen?" hin zu „In deine Hände befehle ich meinen Geist". Christliches Gottvertrauen kennt Zweifel. Es weiß, dass es immer wieder erschüttert werden kann und glaubt geradezu trotzig gegen diese mögliche Erschütterung an.

Für mich persönlich waren die Gespräche über das Sterben mit Heinz Zahrnt, den ich im Vorwort bereits erwähnt habe, von großer Nachhaltigkeit. Er war so eine Art Fels des Protestantismus, lange Chefredakteur des Deutschen Allgemeinen Sonntagsblattes und Mitglied im Präsidium des Deutschen Evangelischen Kirchentages. Sein Buch „Die Sache mit Gott" hat mich, ebenso wie viele andere, begeistert, weil er eine Sprache fand, theologische Herausforderungen so darzustellen, dass sie relevant wurden im Alltag der Welt.

---

42 Tischreden. 408. 1531. WATR 3; 187 nach der Übertragung von Ralph Ludwig in: Schlag nach bei Luther, a.a.O., S. 107 f.

Während er sein letztes Buch schrieb[43], haben wir uns einmal getroffen und auch mehrmals telefoniert. Mich hat berührt, wie er begann, seinen eigenen Tod zu reflektieren. Er sprach von einem „allgemeinen Wissen", das zur persönlichen Nachricht wird. Und Heinz Zahrnt hatte dabei einen Gedanken, der mich besonders fasziniert hat: Ewiges Leben ist kein Konzept für das Diesseits. In seinem Buch beschreibt er das so: „Aber ‚ewiges Leben' im Sinne bloßer zeitlicher Dauer wäre unerträglich. Von daher erhält der Tod eine ‚gnädige Rückseite'. Oder bedeutet es etwa keine Gnade, wenn Gott das Verlangen des Menschen nach ‚Unsterblichkeit' nicht erfüllt, sondern durch den Tod verhindert, daß er auf immer leben muß? Denn allein durch die Abschaffung des Todes entstünde noch kein ‚ewiges Leben' – dadurch ergäbe sich nur eine Fortsetzung des hiesigen Lebens in unaufhörlicher Dauer. Und wer vermöchte dies zu ertragen? Schon bald würden wir zum Augenblick nicht mehr sprechen: ‚Verweile doch, du bist so schön', sondern uns den Tod mit allen Kräften unserer Seele herbeiwünschen. Für immer leben, das wäre nicht das ewige Leben – es wäre die ewige Hölle."[44]

So hatte ich davor die Sache mit dem Tod nicht gesehen. Ja, der Tod ist schmerzhaft. Abschied tut weh. Aber ewiges Leben im Hier und Jetzt wäre keine Erlösung. Es geht darum, die geschenkte Zeit auszukosten, wie kurz oder lang sie sein mag, und dann Ruhe zu finden bei Gott. Das Leben ist dann keine Sackgasse, wie Heinz Zahrnt sagt, sondern aus dem Punkt macht Gott einen Doppelpunkt, das ‚Exitus' des Arztes wird zum ‚Introitus' des Glaubens[45], das wird bei jeder christlichen Bestattung deutlich, bei der wir Psalm 121 (8) zitieren: *Der Herr behüte deinen Ausgang und Eingang von nun an bis in Ewigkeit.* Der Ausgang

---

43 Vgl. Heinz Zahrnt, Glaube unter leerem Himmel, München 2000.
44 Ebd. S. 250. / 45 Vgl. ebd. S. 254.

aus diesem Leben denkt den Eingang in Gottes Zukunft bereits mit, das wird auf diese Weise in der Liturgie deutlich.

Als Christin glaube ich an ein Leben nach dem Tod. Wie dies aussehen wird, können wir aus der Bibel nicht ablesen. Es gibt im Buch der Offenbarung eine Vision, dass in jener Zukunft Gott mitten unter uns sein wird: *Und ich hörte eine große Stimme von dem Thron her, die sprach: Siehe da, die Hütte Gottes bei den Menschen! Und er wird bei ihnen wohnen, und sie werden sein Volk sein und er selbst, Gott mit ihnen, wird ihr Gott sein* (21,3).

Das finde ich ein schönes Bild, wir werden sozusagen mit Gott zusammen sein, da kann ich Gott auch endlich mal alle Fragen stellen, die ich an Gott habe. Wir werden bei Gott sein. Ich glaube auch nicht, dass es körperliche Existenz ist, in dem Sinne, wie wir sie kennen – aber ich glaube, dass es Leben nach dem Tod gibt – auf eine geheimnisvolle Weise, die wir nicht beschreiben können. Darauf vertraue ich, das glaube ich auch.

Der englische Schriftsteller und Schauspieler Peter Ustinov (* 1921) hat einmal gesagt: „Kinder sind eine Art Lebensversicherung – die einzige Art der Unsterblichkeit, derer wir sicher sein können." Ja, manche sagen: Wir leben nur durch unsere Kinder weiter. Das finde ich als Aussage schwierig – was hieße das denn für alle Menschen, die keine eigenen Kinder haben? Sicher ist es ein sehr schönes Grundgefühl, sagen zu können: Ich habe mein Leben weitergegeben an eine nächste oder übernächste Generation. Dies allein ist jedoch gewiss nicht ewiges Leben.

Bei Beerdigungen wird am Grab oft das Osterlied gesungen: „Christ ist erstanden von der Marter alle; des sollen wir alle froh sein, Christ will unser Trost sein." Martin Luther starb in dieser Glaubensgewissheit. Für ihn ist Christus die Brücke zwischen Leben und Tod. So kann er beten:

Vor dem Tod

Allmächtiger, ewiger,
barmherziger Herr und Gott,
Vater unseres Herrn Jesus Christus,
ich weiß gewiss,
dass alles, was Du gesagt hast, nach Deinem
Willen geschieht,
denn Du kannst nicht lügen.
Dein Wort ist wahrhaftig.
Du hast mir am Anfang Deinen lieben, einzigen
Sohn Jesus Christus zugesagt,
er ist gekommen und hat mich vom Teufel,
vom Tod,
von der Hölle und den Sünden erlöst.
Danach – zur größeren Gewissheit –
aus Gnade mir die Taufe und das
Abendmahl geschenkt,
in denen mir die Vergebung der Sünden
angeboten wird,
ewiges Leben und himmlische Güter.
Das habe ich angenommen und mich im
Glauben fest auf sein Wort verlassen,
die Sakramente empfangen,
und zweifle nicht daran,

dass ich ganz sicher und in Frieden bin
vor Teufel, Tod, Hölle und Sünde.
Ist dies nun meine Stunde und Dein
göttlicher Wille,
so will ich friedlich und mit Freuden
auf Dein Wort hin gern von hinnen scheiden.[46]

Eine meiner Töchter sagte beim Gespräch über dieses Buch, im Religionsunterricht habe sie besonders der Gedanke vom Reich Gottes fasziniert. Dass das Reich Gottes anders ist als alle unsere Vorstellungen von Raum und Zeit, dort niemand mehr leiden müsse und der Tod nicht mehr existiere, das sei doch ein wunderbarer Gedanke – und ebenso, dass wir Hier und Jetzt Zeichen oder auch Spuren davon legen können! Ja, dieser Zusammenhang, der oft so schwer zu denken ist, beeindruckt seit biblischen Zeiten. Im Johannesevangelium (4,23) sagt Jesus: *Aber es kommt die Zeit und ist schon jetzt, in der die wahren Anbeter den Vater anbeten werden im Geist und in der Wahrheit (...)* Und wenig später (5,25): *Wahrlich, wahrlich, ich sage euch: Es kommt die Stunde und ist schon jetzt, dass die Toten hören werden die Stimme des Sohnes Gottes, und die sie hören werden, die werden leben.* Diese Verbindung und auch Spannung zwischen dem, was wir jetzt und hier erleben und dem, was sein wird, gehört zur christlichen Existenz. Wir können stets nur in Bildern von der Zukunft bei Gott sprechen. Aber wenn wir hier Glück, Frieden, Gerechtigkeit erleben, das als Vorgeschmack auf diese Zukunft verstehen.

---

46 Beten mit Luther, hg. v. Margot Käßmann, Frankfurt 2014, S. 108 f.

Wenn unsere Tage verdunkelt sind,
so wollen wir stets daran denken, dass es
in der Welt eine große, segnende Kraft gibt,
die Gott heißt.

Gott kann Wege aus der Ausweglosigkeit weisen.
Er will das dunkle Gestern
in ein helles Morgen verwandeln.

Martin Luther King

Manchmal denke ich, dass der Glaube an ein Leben nach dem Tod auch davon entlastet, alles in kürzester Zeit leisten zu müssen. Ich kann auch das Unvollkommene, das, was ich hätte sein oder werden können, in Gottes Hand zurückgeben. Diese ganze Hetzerei vieler Menschen liegt ja unter anderem daran, dass sie nicht loslassen können. Wie vielen fällt es schwer zu sagen, dass sie manches nicht mehr schaffen werden. Wenn ich glauben kann, dass mit dem Tod nicht alles vorbei ist, werde ich freier, das zu leben, was möglich ist, und das zu lassen, was ich loslassen muss. Wie viel Kraft das geben kann!

Das beantwortet auch meine Fragen nach dem Sinn des Lebens. Ich muss ihn nicht ständig erkämpfen und mich fortwährend behaupten, wenn ich mein Leben in größerem Zusammenhang sehe. Der Humanmediziner und römisch-katholische Theologe Manfred Lütz hat in einem Beitrag für Deutschlandradio Berlin darüber reflektiert: „Unmerklich ist in letzter Zeit die Lebenszeit des Menschen drastisch zusammengeschmolzen. Während der mittelalterliche Mensch seine diesseitige Lebenszeit plus ewiges Leben vor sich hatte, sind die Altreligionen in den westlichen Gesellschaften zunehmend abhandengekommen. Dem heutigen Menschen bleibt nur noch unendlich weniger Lebenszeit übrig: sein begrenztes Leben auf dieser Welt." Diesen Verlust an Auferstehungsglauben bringt er mit dem Gesundheitswahn in unmittelbare Verbindung: „Man muss etwas tun, um gesund zu bleiben, zu werden, wieder zu werden. Und die Inbrunst, mit der man sich darum bemüht, sich dafür aufopfert und andere dazu animiert, erinnert an Religion."[47]

Ich sehe daher Christinnen und Christen herausgefordert, in einer verständlichen, konkreten Sprache, zu der uns das Pfingstfest geradezu auffordert, von unserer Auferstehungshoffnung zu reden. So schrieb Dorothee Sölle in ihrem letzten, unvollendeten Buch: „Das Einswerden mit Gott tilgt die Angst vor dem Tod. Der Mensch, der sich auf Gott bezieht, ist sich selbst entzogen, auch sich selbst als einem Sterbenden kann er entkommen … Ein an Leukämie sterbendes Kind sagte zu seinen Eltern: ‚Ihr könnt noch nicht mit, ich geh schon vor.' Es war sich selbst gnädig entzogen. Das ist der Weg, vom *terror mortis* freizukommen."[48]

Das schafft auch Räume für andere Dimensionen, für Spiritualität. Je älter ich werde, desto wichtiger werden mir Zeiten der Stille. Auferstehung kann ich ja nicht herbeidiskutieren. Wie bei den beiden Männern auf dem Weg nach Emmaus sind es überraschende Momente, die sie erfahrbar machen. Spiritualität heißt doch, der Geistkraft, der Erfahrbarkeit des Glaubens Raum zu geben. Und die kann ich nicht in einen Terminkalender einbauen. Da brauche ich Zeit, etwa in einer Kirche.

47 Gesundheitswahn, Deutschlandradio Berlin, 24. Mai 2004.
48 Dorothee Sölle, Mystik des Todes, Stuttgart 2003, S. 21.

Mich stört zunehmend dieser Druck: Was müssen wir tun, damit Gottesdienste attraktiver werden? Die Frage kann doch auch lauten: Warum haben Menschen keine Sehnsucht mehr nach dem Gottesdienst? Gottesdienst ist ein freier Raum, ein Freiraum. Es geht doch nicht zuallererst darum, was da gepredigt werden *muss*. Es geht darum, dass es noch Orte und Zeiten gibt, die nicht zweckgebunden sind. Ich bringe mich ein in das Lob Gottes und sei es in einer kleinen Gemeinde mit schwacher Stimme. Da muss ich nicht fragen, ob es mir etwas bringt! Es geht darum, mein Leben vor einen anderen Horizont zu stellen, die alten Texte zu hören, die traditionellen Lieder zu singen, ohne dass es ökonomisch Sinn macht, ohne ablesbaren Effekt – einfach so. Der Gottesdienst ist ein Ort, loszulassen und mein Leben in die Dimension der Weite zu stellen, die unser Glaube eröffnet.

Das ist auch eine Art von Widerstand gegen die durchökonomisierte Gesellschaft, die nach dem Motto lebt: Zeit ist Geld! Stress im Alltag, Hektik, Unruhe – da ist Gottesdienstzeit verschenktes Geld sozusagen. Und genau solche innere Freiheit kann sie bedeuten: Zeit, Gott zu loben, auch wenn das anderen merkwürdig scheint. Zeit für ganz andere Gedanken, die im Alltag keinen Platz haben. Zeit für die Fragen der eigenen Endlichkeit, die wir sonst so gern ignorieren.

Gewiss ist Auferstehung schwer in Worte zu fassen. Auch die Bibel spricht wie gesagt in Erfahrungen und Bildern: ein leeres Grab, eine Erfahrung der Anwesenheit Jesu, ein nachträgliches Erkennen. Am Ende geht es darum, dass Gottes Reich im Hier und Jetzt beginnt und wir uns darauf einlassen.
Das wird in Redewendungen des Neuen Testaments deutlich, etwa im 2. Korintherbrief (4,17 f.): *Denn unsre Trübsal, die*

zeitlich und leicht ist, schafft eine ewige und über alle Maßen ge-
wichtige Herrlichkeit, uns, die wir nicht sehen auf das Sichtbare,
sondern auf das Unsichtbare. Denn was sichtbar ist, das ist zeit-
lich; was aber unsichtbar ist, das ist ewig.

Und auch wir können immer wieder nur Bilder malen, Worte
finden, um uns von den Erfahrungen dieser Zeit und Welt her
Vorstellung von dem zu machen, was sein wird. Oder noch einmal Martin Luther, der mit seiner Begabung, Glauben in Sprache zu fassen, unnachahmlich bleibt:

Gesät und gepflanzt

Wir müssen uns vormalen lassen und ins Herz bilden,
wenn man uns unter die Erde verscharrt,
daß es nicht heißen muß,
gestorben und verdorben,
sondern gesät und gepflanzt,
und daß wir aufgehen und wachsen sollen
in einem neuen, unvergänglichen und
ungebrechlichen Wesen.

Oder eine Theologin unserer Tage, Ina Praetorius: „Der SINN des
menschlichen Lebens ist dieses Leben selbst, in das mich meine
Mutter geboren hat und aus dem ich eines Tages wieder weggehen werde, ins ANDERE hinein, aus dem ich gekommen bin."[49]

---

49 Ina Praetorius, Ich glaube an Gott und so weiter ..., Gütersloh 2011, S. 176.

Letzten Endes geht es darum, in diesem Leben auf Gottes Zukunft zu vertrauen, darauf, dass wir Teil werden von Gottes Ewigkeit. Unsere Zeit auf dieser Erde hat ein Ende, ja. Aber wenn wir uns der Unendlichkeit Gottes anvertrauen, stellt unsere Endlichkeit keine endgültige Grenze mehr für uns dar. Auch ein Lyriker unserer Zeit hat dafür wunderbare Worte gefunden:

Frühling

Irgendwann
sieht jeder
zum erstenmal
in kirschblüten
weißhaar des alters

einmal
beginnt für jeden
der tod

ob auferstehung
beginnt,
wenn wir im haar der alten
kirschblüten sehen?

Jürgen F. Israel

8 Wenn meine Zeit zu Ende geht ∾
Persönliche Vorbereitung

In der Bibel gibt es die eindrucksvolle Schilderung, wie Mose starb. Er ist eine der ganz großen biblischen Gestalten. Spannend wird erzählt, wie er als Kind ausgesetzt wurde, um ihn vor den Schergen des Pharao zu retten. Später erschlug er einen Aufseher und musste sich verstecken. Schließlich führt er sein Volk aus Ägypten in die Wüste, auf den Weg in die Freiheit, in das Gelobte, von Gott verheißene Land. Mich beeindruckt an der Schilderung, die sich im fünften Buch Mose über fünf Kapitel hinzieht (31–34), wie Mose sich vorbereitet. Er sagt, was ihm wichtig ist, bestimmt, was noch zu klären ist. Zuallererst setzt er Josua als seinen Nachfolger ein. Danach hinterlässt er ein Ritual der Erinnerung als Gesetz. Die kommenden Generationen sollen sich an den Weg Gottes mit seinem Volk erinnern, es soll weitergegeben werden, welche Erfahrungen sie gemacht haben. Gott sagt dann Mose klar, dass seine Zeit zum Sterben gekommen ist und ermutigt Josua, der zurückbleiben wird und Verantwortung übernehmen muss: *Sei getrost und unverzagt* (5 Mose 31,23). Das finde ich wunderbar! Getrost sein, getröstet also, zuversichtlich. Und unverzagt, ein Wort, das in der Bibel manches Mal vorkommt: keine Angst, nicht verzagen, sondern vertrauen auf Gottes Weg mit dir.

Mose hinterlässt anschließend, als eine Art Testament, ein Lied, mahnt das Volk und segnet jeden einzelnen Stamm des

Volkes Israel. Zuletzt steigt er auf den Berg Nebo und Gott zeigt ihm das Land der Freiheit – nach all den Jahren von Aufbruch und Wüstenwanderung sind die Israeliten kurz vor dem Ziel. Danach heißt es: *Und der Herr sprach zu ihm: Dies ist das Land, von dem ich Abraham, Isaak und Jakob geschworen habe: Ich will es deinen Nachkommen geben. Du hast es mit deinen Augen gesehen. Aber du sollst nicht hinüber gehen. So starb Mose, der Knecht des Herrn, daselbst im Lande Moab nach dem Wort des Herrn* (5 Mose 34,4 f.).

Dieses Bild, auf dem Berg in die Zukunft zu sehen, die Erfahrung, die Mose in der biblischen Erzählung macht, sie hat viele Menschen inspiriert. Und es ist ja auch ein bewegendes Bild: Ein Mensch darf noch einmal in die Zukunft blicken, die voller Hoffnung ist, die er selbst aber nicht mehr erleben wird. Am berühmtesten ist wohl die Rede Martin Luther Kings am 3. April 1968, am Abend vor seiner Ermordung, in der er sich auf Mose bezieht: „(…) Ich bin auf dem Gipfel des Berges gewesen. Ich mache mir keine Sorgen. Wie jeder andere würde ich gern lange leben. Langlebigkeit hat ihren Wert. Aber darum bin ich jetzt nicht besorgt. Ich möchte nur Gottes Willen tun. Er hat mir erlaubt, auf den Berg zu steigen. Und ich habe hinübergesehen. Ich habe das Gelobte Land gesehen. Vielleicht gelange ich nicht dorthin mit euch. Aber ihr sollt heute Abend wissen, dass wir, als ein Volk, in das Gelobte Land gelangen werden. Und deshalb bin ich glücklich heute Abend. Ich mache mir keine Sorgen wegen irgendetwas. Ich fürchte niemanden. Meine Augen haben die Herrlichkeit des Herrn gesehen."

Eine absolut faszinierende Rede, deren Kraft und Emotion über die Jahrzehnte hinweg wirkt. Zum einen, denke ich, weil hier ein Mann Mut zeigt, mit anderen den Weg zu gehen, den sie als den Weg Gottes erkannt haben. Zum anderen, weil durch die Anspielung auf Mose eine gemeinsame Geschichte mit einem großen Bogen entsteht – einem Bogen von damals bis heute. Und schließlich auch, weil eine solche Haltung dem Tod und der Androhung des Todes schlicht nicht die Macht gibt, die sie oft haben. Vielleicht ist dies der Schlüssel zur Faszination von Menschen wie Martin Luther King, dass sie vor dem Tod nicht kuschen. Und dies nicht in heldenhafter Haltung, wie es Krieger und Selbstmordattentäter tun. Sondern, indem sie sich mit Blick auf ihre Ideale und Visionen nicht von den Drohungen anderer einschüchtern lassen.

Obwohl Martin Luther King wenig später bei einem Attentat ums Leben kam, wurde sein Traum in vielem wahr. Die von ihm angeführte Bewegung konnte den Rassismus in den USA zwar nicht vollständig auslöschen. Aber Gleichheit vor dem Gesetz wurde erstritten, ein Afroamerikaner konnte Präsident werden. Das ist schon viel Veränderung hin zum „Gelobten Land"!

Moses strahlt in seiner Vorbereitung, wie sie in der Bibel geschildert wird, eine große Ruhe aus. Es ist bemerkenswert, wie er alles regelt. Er nimmt sich Zeit zu ordnen, was zu ordnen ist, weiterzugeben, was ihm am Herzen liegt. Die Menschen zu segnen, die ihm besonders wichtig sind. Am Ende gibt es kein Wort des Bedauerns, dass er das Land der Verheißung nur sehen, aber nicht betreten darf. Sondern er stirbt in Frieden. Dreißig Tage, so heißt es, weinen die Israeliten um ihn, *bis die Zeit des Weinens und Klagens über Mose vollendet war* (5 Mose 34,8). Auch hier eine große Klarheit. Das Leben ist vollendet. Alles ist geordnet.

Trauer hat ihren Ort und ihre Zeit und dann geht das Leben weiter. So hat es Mose gesehen. So hat er Gott verstanden. Und so halten es die Hinterbliebenen.

Ein schöner Tod, wenn wir so davon reden können. Ein alterssatter, vorbereiteter Tod. Persönlich wünsche ich mir, so sterben zu können. Noch einmal zurückblicken auf das, was war. Regeln, was ich noch regeln kann und sollte. Meinen Lieben hinterlassen, was mir wichtig ist. Sie segnen. Einen Blick in ihre Zukunft werfen dürfen und dann schlicht in Gottvertrauen das Leben loslassen.

Mir ist klar, so leicht ist das nicht planbar. Aber einiges können wir durchaus umsetzen. Und deshalb ist es gut, nicht ständig, aber manchmal ans eigene Sterben zu denken. Wer sich überhaupt nicht vorbereitet und den eigenen Tod zu verdrängen versucht, ist am Ende sehr hilflos und überträgt diese Hilflosigkeit auch auf die Angehörigen. Doch wie kann ein Mensch sich vorbereiten auf den Tod?

Wie und wo will ich sterben?

Wer sich auf das Sterben einlässt, kann nicht alles regeln, das ist klar. Mich hat das Sterben manchmal an die Geburt erinnert, weil auch da so vieles unerwartet ist. Hast du einen Geburtstermin, kommt das Kind doch früher oder später. Denkst du, es sind nur noch wenige Tage zu leben, werden es vielleicht Wochen oder Monate, gar Jahre.

Aber wenn das Leben zu Ende geht, ist es Zeit, sich Fragen zu stellen. Möchte ich ambulant betreut werden in meiner

Wohnung? Für viele ist die eigene Umgebung sehr wichtig, sie fühlen sich geborgen. Als ich am Sterbebett meiner Mutter stand, bat sie plötzlich um ein Butterbrot. Ich habe eines geschmiert, ihr ein klitzekleines Stück gegeben und sie sagte auf einmal glockenklar: „Da fehlt Salz!" Und kurz darauf: „Steht hinter der Orchidee." Noch im Rückblick muss ich lächeln darüber: Sie war eben zu Hause und in diesem Wegdämmern und Wiederkommen kannte sie sich aus in ihrer Umgebung. Das kann für die Sterbenden sehr gut sein und ambulante Pflege und ambulanter Hospizdienst können hier viel leisten.

Pflegen mich irgendwann einmal Angehörige, gilt es, gut zu überlegen: Wird uns das wechselseitig zu viel? Sie haben die ganze Arbeit damit und ich spüre den Druck, weil ich sie belaste. Das sollte offen besprochen werden. Aber es gibt auch die Angehörigen, die sagen: Ich möchte so gern, dass du bei uns bleibst, wir diesen Weg gemeinsam gehen. Und ich habe viele erlebt, die dankbar waren, bis zuletzt die Hand des anderen gehalten zu haben, dass sie da sein durften, als der Mensch starb, den sie liebten und schätzten.

Aber auch ein Platz im Pflegeheim kann eine sinnvolle Entscheidung sein. Es ist nicht angemessen, dass ständig von der Angst die Rede ist, „ins Heim zu müssen". Sicher gibt es Einrichtungen, in denen alte Menschen nicht gut betreut werden. Aber es gibt auch viele, in denen liebevoll gepflegt wird und die Zuwendung zum Menschen im Mittelpunkt steht. Jeder kann Heime kennenlernen, schauen, ob er dort leben will. Viele Einrichtungen bieten auch Übergänge an, bei denen Bewohnerinnen und Bewohner zunächst selbstständig leben und Schritt für Schritt mehr Betreuung und Pflege in Anspruch nehmen können. Oft ist das auch für Paare eine sinnvolle Entscheidung, bei denen die Pflegebedürftigkeit unterschiedlich ist, ein Partner aber nicht die Kraft hat, die volle Betreuung zu leisten.

Und schließlich sind – wie gesagt – Hospize eine Option für die Endphase des Sterbens. Das sind wunderbare Häuser, in denen der letzte Weg sehr liebevoll und bewusst begleitet wird. Noch immer gibt es nicht für alle Menschen Hospizplätze, aber immer mehr werden eröffnet.

Was zu regeln ist

Eigentlich müsste ich kein Testament machen: Ich habe vier Töchter, die nach den gesetzlichen Regelungen erben werden. Und doch: Ich habe erlebt, was es einer jungen Frau bedeutete, die, für sie völlig überraschend, die Spieluhr ihrer Großmutter erbte. Es war kein besonders wertvolles Stück, aber dass die Großmutter bei dieser Spieluhr nun gerade an sie gedacht hatte, das hat sie zu Tränen gerührt.

So kann ein Testament etwas mitgeben, Gefühle ausdrücken, Liebe vermitteln. O ja, ich weiß, manche Testamente vermitteln auch anderes. In solchen Fällen tun mir eher die Verstorbenen leid, die offenbar bis zuletzt keinen Frieden gefunden haben und das Testament als eine Art Abrechnung nutzen für Konflikte, die im Leben ungelöst blieben.

Ein Testament kann auch hilfreich sein, Streitigkeiten zu vermeiden. Nicht nur: Wem gehört was. Sondern: Wie sollen wir das gemeinsam regeln, was hätte die Mutter sich gewünscht? Gleichzeitig sollten Testamente auch nicht alles festzurren, es lässt sich nicht alles planen und manches verändert sich an Gefühlen, auch noch kurz vor dem Tod.

Eine Vollmacht ist zudem hilfreich. Sie dient dazu, dass die Angehörigen über das Konto verfügen und sich bei den Ämtern als rechtmäßig Handelnde ausweisen können. Das zu regeln, ist die leichteste Übung.

Und warum nicht selbst entscheiden, wie und wo ich beerdigt werde – nach dem Motto: meine Beerdigung, meine Trauerrede, mein Grabstein. Lange Zeit hatte ich an einen schönen Friedhof in Hannover gedacht, mit großen Bäumen am Maschsee. Da ich dort aber nicht mehr wohne, habe ich mir Friedhöfe in Berlin angeschaut. Inzwischen habe ich einen Friedhof auf Usedom gefunden, wo ich meinen Zweitwohnsitz habe. Dicht am Wald, mit Blick aufs Achterwasser. Meine Kinder lachen, wenn ich das beim Spaziergang dort sage. Aber mir gefällt die Vorstellung, in Pommern begraben zu sein – zurück zu den Wurzeln meiner Familie. Das mögen manche kitschig finden, aber wenn ich dort einst liegen werde, ist es nach meinem Empfinden passend. Und meinen Töchtern gefällt die Vorstellung durchaus auch, sie hat etwas von einem Gefühl, dass das Leben „rund" ist.

Oft habe ich auch erlebt, dass Angehörige zum Beerdigungsgespräch mit einem Brief kamen, in dem die Verstorbenen hinterlassen hatten, welche Lieder sie sich wünschen für ihre Trauerfeier, welchen Psalm, welches Gebet. Das ist eine schöne Weise der Vorbereitung und macht eine Trauerfeier sehr persönlich.

Mir war es auch wichtig, eine Patientenverfügung beim Notar zu hinterlegen. Das entlastet zuallererst die Angehörigen, wenn sie vor all den Fragen stehen und gemeinsam oder auch ganz allein entscheiden müssen. Dies kann sehr konfliktträchtig sein. Eine Verfügung regelt die PEG-Sondenernährung. Ich habe bei einer Freundin erlebt, wie sie damit gerungen hat. Sie wusste, die Mutter wollte sterben, hatte aber plötzlich das Gefühl, sie verhungern zu lassen, wenn sie der künstlichen Ernährung nicht zustimmte. Eine Sonde ist schnell gelegt, das dauert sieben Minuten. Aber du kannst sie nicht mehr entfernen ohne Gerichtsbeschluss und der ist extrem kompliziert zu erlangen. Es ist für die Angehörigen eine große Entlastung zu wissen: Sie wollte das so! Oder: Er hat das bewusst entschieden.

Erst als ich selbst die Patientenverfügung ausgefüllt habe, wurde mir bewusst, wie viele Entscheidungen es zu treffen gibt. Für mich selbst ist es doch viel leichter zu sagen, was ich möchte und was nicht, als für Angehörige, die unter Druck stehen, richtig zu entscheiden. Mein Leben soll nicht künstlich verlängert werden. Ich bin einverstanden, wenn die Medikamente, die mir die Schmerzen nehmen, zu einem früheren Tod führen. Wozu am Ende lange leiden, nur um noch ein paar Stunden länger zu leben?

Eine Patientenverfügung kann im Internet, in Arztpraxen und bei Notaren erworben werden. So kann jeder Mensch vorab regeln, ob in Situationen, in denen das Leben zu Ende geht, beispielsweise eine künstliche Nahrungs- und Flüssigkeitszufuhr, Wiederbelebungsversuche und künstliche Beatmung oder auch Dialyse erfolgen sollen. Die Angst, an Schläuchen zu hängen, Ärzten und Pflegekräften hilflos ausgeliefert zu sein – und andere Dinge, von denen so oft die Rede ist, kann eine solche Verfügung definitiv nehmen.

Wenn ich aber selbst nicht mehr entscheiden kann, muss ein anderer entscheiden, und diesen Menschen möchte ich vorab bevollmächtigen mit meinem vollen Vertrauen. Ich habe meine beste Freundin und meinen besten Freund eingesetzt, die je einzeln, aber möglichst gemeinsam entscheiden sollen. Mit ihnen habe ich intensiv gesprochen und sie haben wiederum mich als

Bevollmächtigte hinterlegt – das ist Vertrauen auf Gegenseitigkeit. Bei einer Bekannten, deren Partnerin völlig unerwartet einen Hirnschlag erlitt, habe ich gesehen, wie ohnmächtig sie dastand. Selbst die gemeinsame Wohnung konnte sie nicht auflösen ohne umständlich und mühselig mit einem staatlich ernannten Betreuer zu verhandeln. Das kann eine unbeabsichtigte Entmündigung der Angehörigen bedeuten. Und für die selbst nicht mehr Handlungsfähigen ist es auch eine Entmündigung, weil nicht Menschen für sie entscheiden, die sie kennen, mit denen sie über ihre Haltung diskutiert haben, sondern Fremde.

Meinen Kindern wollte ich das nicht so gern zumuten. Wenn die eigene Mutter in einen solch schwierigen Zustand gerät, haben sie viel zu verkraften und sollten von den unmittelbaren Entscheidungen frei sein. So denke ich, andere werden anders entscheiden. Aber geregelt sollte es sein!

Das alles kann notariell hinterlegt werden. Inzwischen gibt es eine Datenbank, auf die auch Krankenhäuser Zugriff haben, sodass niemand in einer Entscheidungssituation lange rätseln muss, ob jemand wohl eine Patientenverfügung und eine Betreuungsvollmacht hat. Insofern hat sich in den letzten Jahren in dieser Hinsicht vieles positiv entwickelt.

Schuldgefühle vermeiden

Solch praktische Vorbereitungen können auch Schuldgefühlen vorbeugen. In der schon mehrfach genannten RBB-Sendung waren Schuldgefühle ein gewichtiges Thema: Viele Mails, die das Studio zugeschickt bekam, drehten sich um das Thema. *Siegrid B. schreibt, dass sie eine gute Freundin hat, deren Mann und auch ihr eigener Mann an Parkinson leiden. „Wir teilen Freude und Leid. Und nun starb der Mann der Freundin, starb in ihren Armen, als sie ihn ins Bett bringen wollte. Nach acht Wochen ist sie immer noch wie gelähmt und hat Schuldgefühle, weil sie nicht gemerkt hat, dass er kurz vor dem Sterben steht und sich fragt: ,Warum hab ich ihn nicht ins Krankenhaus gebracht?‘“ Schuldgefühle sind ein Riesenthema und nun hat die Frau ja auch alles versucht, richtig zu machen. Aus Ihrer Erfahrung, wie gehen wir mit Schuldgefühlen um?*

Die Frau, deren Geschichte erzählt wurde, hat sich liebevoll um den Ehemann gekümmert, er ist in ihren Armen, in einer liebevollen Atmosphäre gestorben. Ich wüsste nicht, wie da von Schuld die Rede sein könnte. Manchmal bleibt auch das umgekehrte Schuldgefühl, dass ich den Sterbenden all dem ausgeliefert habe, statt ihn in Ruhe sterben zu lassen. Ich würde versuchen, mich selbst von der Schuldfrage zu lösen, weil Verstorbene sicher eines auf keinen Fall wollten: dass wir mit Schuld zurückbleiben.

In der Sendung ging es aber auch um Menschen, die mit anderen in Unfrieden leben. Wenn dann ein Beteiligter stirbt, bleibt oft das Erschrecken um das, was nicht mehr nachzuholen ist: Hätten wir uns nicht noch versöhnen sollen? Oder auch: Warum habe ich ihr den Wunsch nicht erfüllt? Hätte ich noch dies oder das sagen oder tun sollen? Warum hat er mich so ohne Erklärungen zurückgelassen?

Mir ist wichtig: Nach christlichem Verständnis kann Schuld vergeben werden. Sicher, der verstorbene Mensch kann es nicht mehr tun. Aber wir können Frieden finden. Bei der Beerdigungsliturgie heißt es im Gebet:

Wir bedenken, was die Verstorbene für unser Leben
bedeutet hat:
Wofür wir zu danken
und was wir für unser Leben zu bewahren haben,
aber auch, was wir zu vergeben haben,
auch das, was wir an ihr versäumt haben und schuldig
geblieben sind.

Das zu lesen, zu hören, auszusprechen kann hilfreich und entlastend sein. Wir können verzeihen, was wir einander schuldig geblieben sind. Am Grab ist es möglich, Schuld und Ungesagtes loszulassen. Das kann ein Freispruch von Schuld sein. Mir ist bewusst, dass auch nach der Beerdigung viele dennoch verletzt ihrer Wege gehen, weiterleben mit dem, was ungesagt und ungeklärt blieb. Besser ist es deshalb natürlich, wir sprechen vorher miteinander, das ist ganz klar. Vielleicht kann das auch eine Mahnung sein: Bereinigt eure Konflikte und lebt nicht immer so, als könntet ihr das eines Tages nachholen. In Frieden gehen können, selbst Konflikte benennen und Vergebung zusprechen, das tut allen Seiten gut. Aber wenn es nicht gelingt, können wir am Ende auch loslassen und die Streitigkeiten dieser Welt dem Frieden Gottes anheimgeben. Vergebung ist für mich eine Freiheit, die mein Glaube mit sich bringt.

Sich emotional vorbereiten und klären, was ich den anderen mitgeben möchte

Neben den praktischen Fragen gibt es aber auch die emotionale Vorbereitung auf das eigene Ende. Christine zu Salm hat ein Buch herausgegeben, in dem Menschen, die mit dem Tod konfrontiert sind, sozusagen ihren eigenen Nachruf verfassen.[50] So merkwürdig es klingt, ich habe dieses Buch mit Vergnügen gelesen. Die Autorin hat mit Menschen Gespräche geführt, die wussten, dass sie sterben würden. Alle haben die Texte noch vor ihrem Tod autorisiert. Menschen sagen Sätze wie:

- „Ich glaube nicht, dass mein Leben, so wie es verlief, viel mit mir zu tun hatte. Es hat mich bis zuletzt einfach so gelebt."[51] (eine 53-jährige Frau)
- „Ich glaube, das Beste, was man seinen Kindern geben kann, ist, selbst glücklich zu sein."[52] (eine 74-jährige Frau)
- „Ich habe ein gutes Leben gehabt. Mit gut meine ich, dass ich das Gefühl habe, richtig gelebt zu haben. Mit allen Hochs und Tiefs. Wie eine Achterbahn, die immer rauf- und runtergeht. Und manchmal auch einen Überschlag macht. Das ist für mich das Leben."[53] (ein 67-jähriger Mann)
- „Ich hätte früher zugeben sollen, dass ich Männer liebe. Was hätte ich mir nicht alles an Seelenqualen erspart."[54] (ein 73-jähriger Mann)
- „Ich habe sehr viel Gutes in mir gespeichert und Leidbringendes aus meinem Leben entfernt. Ich habe keine Mühen, in den Tod zu gehen. Vielmehr schließe ich die Augen und rufe dem Meer zu: Nimm mich, hol mich. Ich gehöre zu dir."[55] (ein 49-jähriger Mann)
- „Die momentane politische Situation beschäftigt mich sehr… Aber ändern kann ich nichts mehr… Das ist ein bisschen unbefriedigend, aber Gott, da muss man halt das Beste draus machen. Deswegen jetzt die Flügel hängen zu lassen, das wäre nicht meine Art."[56] (eine 88-jährige Frau)

---

50 Vgl. Christine zu Salm, Dieser Mensch war ich. Nachrufe auf das eigene Leben, München 2013. / 51 Ebd. S. 27. / 52 Ebd. S. 33. / 53 Ebd. S. 36. / 54 Ebd. S. 45. / 55 Ebd. S. 80 f. / 56 Ebd. S. 88 f.

- „@Tom: Wie gern hätte ich jetzt noch mehr Zeit gehabt, dich richtig kennenzulernen. Aber jetzt ist es zu spät, ich bin sterbenskrank. Trotzdem bin ich sehr froh, dass ich das wenigstens alles noch verstanden habe vor meinem Tod. Und dass du weißt, dass ich weiß, welchen großen Fehler ich gemacht habe."[57] (ein 58-jähriger Mann mit Blick auf seinen Sohn)
- „Das Akzeptierenkönnen dessen, was ist, das ist das Geheimnis."[58] (eine 54-jährige Frau)
- „Ich möchte nicht über das Sterben reden, sondern lieber über mein Leben. Ich habe das bekommen, was ich wollte, nämlich den Posten der Chefsekretärin. Bleibt mir bitte wohlgesonnen, auch über meine Zeit hinaus."[59] (eine 55-jährige Frau)
- „Ich bin gerne im Pflegeheim. Da wollte ich immer hin, sobald klar sein würde, dass es meinem Ende entgegengeht. Das habe ich meinen Kindern auch immer gesagt, habe es sogar schriftlich hinterlassen ... Ich will euch nichts hinterlassen, weder mein Geld noch eine Botschaft. Außer dieser einen: Macht euch die letzten Tage schön! Pumpt euch zu mit Schmerzmitteln, sodass ihr nichts spürt, und dann habt Spaß, jeden Tag, bis zum letzten."[60] (ein 76-jähriger Mann)

Alle diese persönlichen Nachrufe auf das eigene Leben, von denen ich hier nur wenige Sätze zitieren kann, sind anrührend, weil sie erstaunlich direkt sind, ohne Umschweife. Das liegt vielleicht daran, dass Menschen am Lebensende nicht mehr auf Höflichkeitsfloskeln Wert legen, dass Elementares wichtiger wird als der Schein. Und andererseits atmen alle diese Berichte auch eine gewisse Ruhe, finde ich. Menschen schauen zurück, fast gelassen, sehen das Leben mit Höhen und Tiefen, ja können

57 Ebd. S. 173. / 58 Ebd. S. 233. / 59 Ebd. S. 241. / 60 Ebd. S. 245 f.

sogar mit einer gewissen Ironie oder mit Humor sehen, was gut war und was nicht.

Warum eigentlich nicht einmal zwischendurch einen solchen Text verfassen? Einfach innehalten und dich fragen: Welches Bild habe ich von mir selbst? Welches haben die anderen? Mein Mann, meine Partnerin, meine Kinder, meine Freunde, meine Kolleginnen? Was würde in meiner Todesanzeige stehen? Was in meinem Nachruf? Wer würde ihn schreiben? Das kann ungeheuer klärend sein und mitten im Alltag helfen, Wichtiges von Nichtigem zu unterscheiden.

Nach der Lektüre dieses Buches habe ich mich daran versucht. Gar nicht so einfach! Du willst dich selbst nicht belobigen. Andererseits möchtest du erzählen, was wichtig war im Leben. Den Liebsten willst du gern noch etwas mitgeben. Vielleicht soll auch eine Prise Humor dazukommen. Eine schöne Übung für einen ruhigen Abend, die ich nur empfehlen kann!

Kürzlich habe ich zum Lebenspartner meiner Tochter auf einem Spaziergang gesagt, dass ich rundherum dankbar für mein Leben bin, mit allen Chancen, die ich hatte, mit allen Möglichkeiten, Höhen und Tiefen. Meine Tochter hörte das von weiter hinten mit und sagte: „Mama, das ist toll, dass du das so sagen kannst." Vielleicht sollten wir das öfter sagen, festhalten, aufschreiben für die, die zurückbleiben: So habe ich mein Leben wahrgenommen. Oder aber auch: Wie möchte ich leben, um das für mich selbst sagen zu können? Wie kann ich selbst zufrieden werden und das auch andere spüren lassen?

Mir ist wichtig, dass meine Kinder später, wenn ich mal nicht mehr bin, wissen, wie sehr ich sie geliebt habe und dass sie das Wichtigste waren in meinem Leben. Ich habe immer sehr gern gelebt, müde war ich manchmal, lebensmüde nie. Aber meine Lieben sollen wissen, dass ich dankbar bin, dass ich mit ihnen leben durfte. Und dass sie nicht in der Trauer festhängen, sondern in Freiheit nach vorn blicken sollen. Schön, wenn sie gern an mich zurückdenken. Wenn es ein Foto gibt oder einen Brief oder einen Ort, an dem sie an mich erinnert werden. Aber frei für das Leben müssen sie sein.

Das gilt vor allem auch für Paare, denke ich. Den anderen freigeben, auch, wenn eine neue Beziehung entstehen sollte. Das habe ich mehrfach erlebt: Die Zurückbleibenden zögern, weil sie Angst haben, sie könnten ihren verstorbenen Liebsten verraten, die tote Ehefrau gewissermaßen betrügen. Unsere Toten bleiben in unserem Herzen, aber leben müssen wir. Und dürfen wir! Darüber zu sprechen kann auch die Sterbenden entlasten. „Was wird sie nur ohne mich machen?" Ich erinnere mich an einen Mann, den dieser Gedanke mehr umtrieb als das eigene Sterben. Seine Frau war immer ganz und gar auf ihn angewiesen. Erstaunlicherweise zeigte gerade sie sich als sehr kompetent und selbstständig nach seinem Tod. Es hätte ihn sicher erleichtert, das zumindest zu ahnen.

„Ihr sollt nicht um mich weinen" – das habe ich immer wieder gehört. Und ich würde sagen: Doch, ja, weint ruhig. Abschied tut weh. Es schmerzt, wenn der Tod uns trennt. Aber verharrt nicht in den Tränen, sondern feiert das Leben! Das war doch so wunderbar an der Trauerfeier für Nelson Mandela, dass die Menschen nicht versunken sind in Beklommenheit und Trauer, in Stille und Schmerz, sondern das Leben dieses großartigen, wunderbaren Menschen im wahrsten Sinne des Wortes gefeiert haben. Nein, nicht jede Trauerfeier ist ein Fest, Trauer und Schmerz brauchen ihren Raum. Aber wir trauern nicht nur um einen Menschen, wir feiern auch das Leben, dass er leben, diese geschenkte Zeit, die er nach seinen Vorstellungen füllen durfte. Da muss es eine Balance geben.

Und manches Mal sind uns Verstorbene ein Vorbild an Glaubenszuversicht. Das Gottvertrauen, mit dem manche Menschen durchs Leben und in den Tod gehen, kann für Angehörige tiefen Eindruck hinterlassen, sie selbst Frieden finden lassen mit dem Sterben. Das überliefert auch ein Gebet Martin Luthers:

Am Ende sein

Lieber Herr,
Gott und Vater,
dieses Leben ist doch
voller Jammer, Unglück und Unsicherheit,
voller Untreue und Bosheit,
dass es uns verzweifeln lässt.

Dass wir uns den Tod wünschen,
nur damit wir nichts mehr leiden
und aushalten müssen.

Doch Du, unser Vater,
kennst unsere Schwäche.
Verleihe uns Geduld in allem Leiden,
lass uns die Mühen des Lebens gern ertragen,
leite uns durch die zahlreichen Übel
und die Bosheiten sicher hindurch.

Und wenn unsere Zeit gekommen ist,
gib uns eine gnädige Todesstunde,
dass wir vor dem Tod nicht erschrecken
oder uns ängsten,
sondern mit festem Glauben
unsere Seele in Deine Hand befehlen.[61]

Wiederum blendet Luther die Schwächen und die Ängste nicht aus, aber er setzt sein Gottvertrauen dagegen. Er sagt auch nicht mit inbrünstiger Überzeugung: Ich werde nicht erschrecken. Sondern er bittet Gott, ihm in der Todesstunde beizustehen.

Wie ich erinnert werden will

„Zwischen den Jahren" 2013/2014 habe ich alte Briefe sortiert. Ich finde, diese Tage sind genau die richtige Zeit dafür, eben „dazwischen". Weihnachten ist vorüber, das neue Jahr hat noch nicht begonnen. Früher habe ich mit meinen Kindern in diesen Tagen Fotos des zu Ende gehenden Jahres in die Alben geklebt. Heute versuche ich, manche Kiste, die seit dem Umzug ungeöffnet stehen geblieben ist, manchen Stapel, der lange gelesen werden wollte, endlich in die Hand zu nehmen. Irgendwann stieß ich in einer Umzugskiste auf 40 Jahre alte Briefe, dies habe ich an anderer Stelle bereits erwähnt. Und die nächsten Stunden vergingen wie im Flug. Ich konnte die Briefe nicht mehr aus der Hand legen.

Meine Mutter schrieb mir am 5. Oktober 1974 in die USA: „Jeder hat seine eigenen Probleme, ich habe es zur Genüge

---

61 Beten mit Luther, a.a.O., S. 109.

durchgemacht und konnte dann wirklich nur den Herrgott bitten, mir zu helfen. Wenn wir den Glauben nicht hätten, dass Gott uns in die Welt gesetzt hat, um mit unseren Fähigkeiten, die ‚Er' uns gegeben hat, einen Platz in der Welt auszufüllen, wozu er uns auch die Kraft gibt, ich glaube, man würde tief sinken in Schuld und Härte anderen gegenüber." Das empfinde ich heute, in etwa so alt, wie sie es damals war, als große Lebensweisheit. Meine Mutter war keine Theologin. Aber sie wusste etwas vom Glauben und vom Leben. Und sie hat versucht, ihren Töchtern sowohl ihre Lebenserfahrung als auch ihren Glauben weiterzugeben. Sicher, wir drei sind jetzt alle selbst Großmütter, haben unser eigenes Leben. Aber unsere Mutter wird – gewiss auf je andere Weise – in unserer Erinnerung immer eine Rolle spielen.

Dabei ist auch deutlich: Es gibt keine objektive Wahrheit über ein Leben. Der Blickwinkel des Einzelnen verändert sich und jeder sieht einen Menschen anders. Wir Geschwister gewiss unsere Eltern. Meine Töchter werden ebenso sicher eines Tages verschiedene Erinnerungen an mich haben. Aber wir selbst sehen uns ja auch nicht unverändert. Wenn ich heute alte Tagebücher von mir lese, staune ich. Manches habe ich völlig anders in Erinnerung als ich es damals aufgeschrieben habe. Und ich frage mich, ob ich diese Tagebücher überhaupt hinterlassen möchte, weil sie derart subjektiv und emotional sind, sicher auch nicht immer gerecht mit Blick auf andere.

In dem Film „Vergissmeinnicht" begleitet ein Sohn filmisch seine Mutter, die zunehmend dement wird. An einem Punkt liest ihr Ehemann aus ihrem Tagebuch vor. Mich hat das sehr gestört. Sie konnte ihr Einverständnis nicht geben. Das war mir zu privat, es gehört nicht vor die Ohren anderer. Ob jemand so etwas Persönliches wirklich teilen will, muss er sehr bewusst entscheiden. Jeder Mensch nimmt ja auch Geheimnisse mit ins Grab. Damit meine ich nicht irgendwelche schrecklichen Tragödien, sondern eben all das, was nicht offenliegt – außer vor Gott. *„Denn eines jeden Wege liegen offen vor dem Herrn"*, heißt es in meinem Konfirmationsspruch (Sprüche 5,21). Wir nehmen manches mit ins Grab, was andere schlicht nichts anging an Gefühlen, an Erleben. Es geht um die inneren Beweggründe eines Menschen, die am Ende nur er selbst kennt. Das gehört zur Privatheit. Es ist auch etwas ganz anderes als das, was wir gern noch gesagt hätten. Dies zur rechten Zeit zu formulieren ist für Sterbende und Angehörige wichtig.

„Aber die Liebe ist die größte unter ihnen."

Ich bin überzeugt, es gibt ein Band der Liebe, das die Grenze zwischen Leben und Tod durchdringt. Nach einem Vortrag fragte mich eine junge Mutter, was sie ihrer Tochter antworten solle. Die habe sie gefragt, ob sie die Mama finden würde, wenn sie tot sei. Ich habe ihr damals gesagt, dass das Pauluswort *Es bleiben Glaube, Liebe, Hoffnung, diese drei; aber die Liebe ist die größte unter ihnen* (1 Kor 13,13) für mich der entscheidende Wegweiser ist. Ich bin zutiefst überzeugt, dass die Liebe trägt. Der Tod hat keine Macht, dieses Band zu zerstören.

Ich denke, wenn ich Liebe zurücklasse, wenn ich sterbe, wird diese weiterwirken und damit lebe auch ich ein Stück weiter bei anderen, mit anderen, durch andere. Und solche Grundbeziehungen, die Dankbarkeit, liebevolles Gedenken bleiben bestehen – über den Tod hinaus. Ein Beispiel dafür ist für mich meine eigene Großmutter, die in der ganzen Familie so erinnert wird:

als alte Dame, die alle immer wieder begleitet hat. An sie denken wir Cousinen, Cousins, Kinder, Enkel, Urenkel liebevoll zurück und das ist sicher auch eine Form von Weiterleben. Aber ich glaube auch, dass es eine neue Existenzform gibt, wie immer diese auch aussehen mag.

Nicht dass ich den Verlust eines lieben Menschen kleinreden will. Er tut weh und hinterlässt Spuren. Aber doch auch eine Spur der Liebe. In einer kleinen Erinnerung, die plötzlich aufblitzt, wenn wir etwas sehen, das wir geteilt haben. Beim Anblick eines Fotos, das eine Situation vor unserem inneren Auge lebendig werden lässt. Bei einer Träne, die sich nicht zurückdrängen lässt, weil uns ein Gedanke an die Tote erreicht. Manchmal wurde ich gefragt, ob wir mit den Toten in Verbindung treten können. Nein, das glaube ich nicht. Die Toten dürfen ruhen und wir sollen leben und dazwischen gibt es eine fundamentale Grenze. Aber wo wir die Liebe erinnern, spüren, ihr nachempfinden, da geht ein Band über diese Grenze hinweg. Das ist tröstlich und das ist Glaubenserfahrung.

Unsere Zeit ausschöpfen

Wer die Grenze des Lebens nicht ignoriert, für den wird das tagtägliche Rennen nach Ruhm, Erfolg und Geld in ganz andere Zusammenhänge gesetzt. Dann kann ich mit Grenzen leben, werde aber mein Leben anders gestalten.

Nein, ich denke nicht, dass es erst eine Krebsdiagnose sein muss, um anders leben zu können oder zu wollen. Und doch löst eine solche Diagnose eine Reaktion aus. Als ich mit einer Freundin sprach, die diese Diagnose erst kürzlich bekam, habe ich mich an meine eigene Situation erinnert. Dieses Ausgebremst-sein mitten in einem ausgefüllten und durchaus erfüllten Alltag ist eine Erfahrung der Ohnmacht. Du möchtest so viel tun, du musst noch so viel erledigen! Und dann kannst du nicht mehr selbst entscheiden. Die Ärztin sagt dir: Krebs. Und es werden eine Operation, Bestrahlung und Chemo folgen. Wenn du Glück hast, geht es danach zurück in den Alltag.

Als ich mit der Krebsdiagnose konfrontiert wurde, war ich derart in eine Arbeitssituation eingespannt, dass ich meiner Ärztin sagte, ich könne mich jetzt nicht operieren lassen. Da seien zu viele Termine und Verpflichtungen, das ginge jetzt gar nicht, vielleicht später. Sie reagierte ohne Umschweife: „Wenn ich Sie wäre, würde ich mich allerschnellstens operieren las-sen!" Und mir wurde schlagartig klar: Es geht um viel, wenn ich jetzt nichts tue, mein Leben nicht verändere, handle, werde ich in absehbarer Zeit gar keine Termine mehr wahrnehmen können.

Mir hat diese Erfahrung am Ende geholfen, ein wenig mehr Distanz zu meinen Verpflichtungen zu gewinnen. Und wenn ich nicht dabei bin? Die Welt wird sich weiter drehen! Und wenn ich den Termin nicht wahrnehme? Jeder Mensch ist ersetzbar! Ausgebremst kommt dann auch unweigerlich die Frage: Wenn meine Zeit begrenzt ist, wie will ich leben? Wie kann ich die Tage, die mir bleiben, so ausschöpfen, dass es erfüllte Zeit ist? Höchste Zeit, sich Fragen zu stellen!

Es gibt auch eine Lebenssattheit, die ruhig und dankbar ma-chen kann. Ich habe vieles gesehen und erlebt, vieles geleistet, manches versäumt, so einige Fehler gemacht. Und ich bin mir sehr bewusst, was ich alles nicht mehr sehen und erleben werde, schlicht, weil ich älter werde, die Kräfte nachlassen. Aber das muss ja nicht schrecklich sein. Viel schlimmer ist doch die Vorstellung, immerzu noch mehr leisten und erleben zu müssen. Die unerfüllten Träume machen ja nicht immer nur griesgrämig, sondern können auch Teil des Lebens sein. Die unerfüllte Liebe ist oft viel prägender und stärker als die erfüllte. Lebensglück bedeutet wohl, das, was gelungen ist und das, was nicht erfüllt wurde, als Ganzes zu sehen. So wächst Zufriedenheit und Ausgeglichensein.

Der Tod als Erlösung

Ja, der Tod ist auch Erlösung. Dabei meine ich nicht, dass wir den Tod herbeisehnen sollen. Aber es ist auch eine Friedenserfahrung. Dieser Mensch darf nun ruhen. Die Kämpfe des Lebens sind gekämpft. Die Liebsten mussten ihn loslassen und er selbst musste loslassen.

Gerade bei schweren Krebserkrankungen kommt der Punkt, an dem die kranke Person nicht mehr kämpfen will und auch die Angehörigen merken, wie ihre Kräfte nachlassen. Manchmal hatte ich den Eindruck, dass beide Gefühle zusammenkommen. Da muss der sterbende Mensch erst an dem Punkt sein, an dem er nicht mehr aufbegehrt, sondern sich mit seinem Schicksal abgefunden hat, weil es keine Hoffnung gibt auf ein Weiterleben in dieser Welt. Und die Angehörigen müssen eben diesen Punkt auch erreichen. Auch bei sehr alten Menschen ist das oft so. Der Tod ist dann nicht Feind, sondern ein Ende in Frieden. ∿

Nicht vorüber

Was vorüber ist
ist nicht vorüber.
Es wächst weiter
in deinen Zellen
ein Baum aus Tränen
oder
vergangenem Glück.

Rose Ausländer

9 In Frieden sterben ✿
Ethische Herausforderungen

Derzeit gibt es in Deutschland immer wieder heftige Debatten um die sogenannte „aktive Sterbehilfe", die „Tötung auf Verlangen". So hat etwa Udo Reiter, der ehemalige Intendant des MDR, im Dezember 2012 in der Süddeutschen Zeitung vehement für ein Recht auf selbstbestimmtes Sterben plädiert. Er schreibt: „Ich möchte mir nicht den Nahrungsersatz mit Kanülen oben einfüllen und die Exkremente mit Gummihandschuhen unten wieder herausholen lassen. Ich möchte nicht vertrotteln und als freundlicher oder bösartiger Idiot vor mich hindämmern. Und ich möchte ganz allein entscheiden, wann es so weit ist und ich nicht mehr will, ohne Bevormundung durch einen Bischof, Ärztepräsidenten oder Bundestagsabgeordneten."[62]

Dieser Beitrag hat großes Aufsehen erregt und auch breite Zustimmung gefunden. Denn Reiter, der seit vielen Jahren im Rollstuhl sitzt, hat die Ängste, die viele umtreiben, in drastische Worte gefasst. Sie wollen nicht ausgeliefert sein und selbst bestimmen, wann sie sterben, wann die Schmerzen unerträglich werden oder die Pflegesituation unwürdig erscheint.

Wenig später gab es an der gleichen Stelle eine Replik von Franz Müntefering. Er schreibt: „Hier soll aus Angst vor dem

---

62 Udo Reiter, Mein Tod gehört mir, in: SZ 21./22. Dezember 2013.

unsicheren Leben ein sicheres Ende gesucht und der Präventive Tod zur Mode der angeblich Lebensklügsten gemacht werden. Viele nicken beifällig, wenn die Geschichte vom süßen freien Tod erzählt wird. Die Heroisierung der Selbsttötung in manchen Medien ... kommt hinzu." Und er findet zu ähnlich drastischen Worten wie Reiter: „Wenn Altsein wirklich so trottelig und wertlos ist und außerdem in seiner Massenhaftigkeit auch recht kostenträchtig – muss man dann den Menschen nicht rechtzeitig abraten davon und ihnen zum runden Geburtstag einen kostenlosen süßen ‚Auf-immer-Einschlaftrunk' andienen? Win-win? Die Erbenkonten werden nicht für Trotteligkeit verplempert."[63] Auch dieser Beitrag hat viele Reaktionen nach sich gezogen. Hat Müntefering nicht recht? Wie verändert sich eine Gesellschaft, die lebenswertes Leben messen will? Ertragen wir Schwäche schlicht nicht, wollen nicht angewiesen sein auf die Pflege durch andere?

Wann immer über das Thema debattiert wird, stehen sofort Emotionen im Raum. Und wie Herr Reiter sehen viele Diskutanten die Kirchen als Vertreter einer Art von Verbotsmoral. Erfahren musste das die evangelische Theologin Petra Bahr, die in einer Diskussionssendung im Anschluss an beide Beiträge versuchte, differenziert und klug, den Blick auf die „Würde jedes Menschen" zu richten und dies in die Debatte einzubringen. Sie erlebte einen wahren Shitstorm gegen den vermeintlichen „Meinungsterror der Kirchen" und „Lebensschutzhexen".[64] Das finde ich schwierig. Die Kirchen sind ganz gewiss nur eine Stimme unter den vielen, die es gibt. Aber sie haben das Recht, an der Debatte mit ihrer eigenen Perspektive teilzunehmen.

63 Franz Müntefering, Gefährliche Melodie, in: SZ 3. Januar 2014.
64 Petra Bahr, Wie tolerant ist das Land, in: Christ und Welt, Ausgabe Internet vom 30. Januar 2014.

Ich kann sehr gut nachvollziehen, dass Menschen Angst davor haben, allein und einsam zu sein. In den Internetforen zu den genannten Beiträgen ist davon immer wieder die Rede. Doch fragen möchte ich dürfen: Ist Einsamkeit ein Grund zu sterben? Müssten wir nicht viel mehr Formen schaffen, die Menschen aus der Einsamkeit holen, die in der Tat bitter ist? Wie kann es denn sein, dass Nachbarn sich nicht kennen, nichts voneinander wissen? Das ist in den Städten heute gang und gäbe, auf dem Dorf ist es meist noch anders. Vorbeigehen, hinhören, Zeit füreinander finden – das macht doch auch eine menschliche Gesellschaft aus.

Und die Ängste vor den Schläuchen, vor der künstlichen Ernährung sind ebenfalls nachvollziehbar. Doch was Herr Reiter beschreibt, muss nicht sein, wenn jemand vorab eine Patientenverfügung ausgefüllt hat, in der er erklärt, dass er künstliche Ernährung ablehnt. Es hat sich etwas verändert in den letzten Jahren! Und auch die Angst vor unerträglichen Schmerzen, die viele so stark umtreibt, sie ist verständlich. Aber die Palliativmedizin ist inzwischen so weit fortgeschritten, dass in nahezu allen Fällen eine Schmerzlinderung möglich ist. Und wo das nicht der Fall ist, wo in einer Situation ausweglosen Sterbens die Schmerzen nicht gelindert werden können, wird kein Seelsorger erklären, das müsse ertragen werden. Dann wäre es für mich auch ein Akt, der dem Gedanken von Gottes Gnade entspricht, alle lebensverlängernden Maßnahmen einzustellen und so – passiv – beim Sterben zu helfen. Das spiegelt einen ganz anderen, einen seelsorglichen, persönlichen Bezug zum Menschen und nicht das energische: „Mein Tod gehört mir!"[65]

65 Vgl. ebd.

Hans Küng, der römisch-katholische Theologe, den ich sehr schätze, hat kürzlich erklärt: „Niemand soll zum Sterben gedrängt, aber auch niemand zum Leben gezwungen werden."[66] Und weiter: „Kirchenamtliche Bedenken können mich freilich nicht beeindrucken."[67] Das verstehe ich gerade aus der Perspektive eines Katholiken, der hinsichtlich der römisch-katholischen Lehre zur Pille und zu Kondomen stets eine sehr eigene Meinung hatte, die er sich nicht von seiner Kirche vorgeben lassen wollte. Aber auch Hans Küng schreibt: „Selbstbestimmtes Sterben durch freiwilligen Verzicht auf Essen und Trinken kann unter Umständen eine Alternative zu aktiver Sterbehilfe bieten."[68] Das nun kann jeder Mensch selbst bestimmen. Es gibt nicht die Pflicht, weiterzuleben mit Magensonde und Pharmaka.

Das Dilemma bleibt: Da sind zum einen die zum Teil herzzerreißenden Geschichten über Menschen, die sterben wollen. Etwa der Bericht der Schriftstellerin Emmanuèle Bernheim, die ihrem Vater half zu sterben und darüber ein Buch schrieb.[69] Oder der ergreifende Bericht über den Selbstmord von Georgette und Bernard Cazes, 86 Jahre alt. Sie haben einen Brief hinterlassen, nachdem sie sich selbst in einem Hotel in Paris das Leben nahmen, „inszeniert als politischer Widerstandsakt". Mit welchem Recht, fragen sie in ihrem Brief, zwinge der Staat seine Bürger zu grausamen Methoden des Selbstmords.[70] Das sind aktuelle Debatten in Frankreich, die in Deutschland sehr ähnlich geführt werden.

Aber dann gibt es auch die anderen Berichte, etwa den von der „unheilbar heilbaren Dianne", einer 35-Jährigen, die körperlich völlig gesund war, aber unter einer schweren Psychose litt und

---

66 Dankesrede von Prof. Dr. Dr. h.c.mult. Hans Küng, in: Arthur-Koester-Preis 2013, hg. v. DGHS, S. 15. / 67 Ebd. S. 17. / 68 Ebd. / 69 Emmanuèle Bernheim, Alles ist gutgegangen, Berlin 2014. / 70 Vgl. Elisabeth von Thadden, Komm, schöner Tod, in: DIE ZEIT Nr. 51, 12. Dezember 2013, S. 50.

Ende 2012 mit einer Spritze in den Niederlanden getötet wurde. War das angemessen? Hätte es nicht eine Möglichkeit der Therapie gegeben? Wenn in den Niederlanden nun Anfang 2014 auch die Tötung auf Verlangen bei Minderjährigen gesetzlich erlaubt wird, geht es da wirklich um „Befreiung von Leid"?

Der Palliativmediziner Sven Gottschling sagt: „An der Diskussion rund um Sterbehilfe stört mich, dass wir über Menschen diskutieren, die man durch eine Spritze von unendlichem Leid erlösen will, das sie vermutlich gar nicht hätten, wenn wir nur die Möglichkeiten der Palliativversorgung richtig nutzen und sie vor allem flächendeckend anbieten würden. Die Palliativmedizin nicht auszubauen, aber dafür über aktive Sterbehilfe nachzudenken, ist geradezu zynisch."[71] Sehr nachdenklich macht ein Interview mit Inge Jens. Ihr Mann, Walter Jens, hatte vehement für die Freiheit zu sterben gekämpft. Im Interview sagt sie über das Erleben und Erleiden der Zeit mit ihrem dementen Mann: „Wir hatten eine gleichlautende Patientenverfügung, die vorsieht, alle lebensverlängernden Maßnahmen zu unterlassen. In lichten Momenten sagte mein Mann: ‚Nicht totmachen, nicht totmachen', aber auch: ‚Ich will nicht mehr. Ich will sterben.' Als Gesunder hat er für Sterbehilfe plädiert, und als Kranker hat er leben wollen. Mit dieser Erkenntnis bin ich noch lange nicht fertig. Doch wer hätte das Recht gehabt, ihn umzubringen? Ob ich richtig oder falsch entschieden habe, werde ich nie erfahren, damit muss ich leben. Ich weiß nicht, ob ich, wenn ich in dem Zustand sein werde, dann nicht auch leben will. Ich bin nicht besonders fromm, aber das muss ich einer mich übersteigenden Kraft anheimstellen."[72] Diese Aussage von Inge Jens hat mich mehr beeindruckt als viele andere

---

71 „Heißt das, ich muss sterben?", in FAS 2. März 2014, S. 49.
72 Herlinde Koelbl, Er versank vor meinen Augen buchstäblich ins Nichts. Interview mit Inge Jens, in: DIE ZEIT 6. Februar 2014.

Beiträge, weil sie nicht Thesen aufstellt über das Sterben, sondern nachdenklich und offen ist für Fragen. Das scheint mir entscheidend.

Viele, die über das „Leben an Schläuchen" sprechen, waren nie in einem Pflegeheim, wo Menschen liebevoll umsorgt werden. Warum nicht hingehen, mit den Pflegenden sprechen, sie entlasten.

Ja, es gibt Menschen, die seit Jahren ohne Bewusstsein im Pflegeheim liegen und nicht sterben können. Das ist belastend. Aber noch einmal: Diese Situation, die viele Menschen fürchten, sie müsste nicht sein, hätten sie eine Patientenverfügung und Betreuungsvollmacht erteilt! „Warum hast du noch keine Patientenverfügung?", diese relevante Frage muss sich jeder gefallen lassen, der sich mit den „letzten Dingen" beschäftigt.

Mir scheint in der Debatte zweierlei problematisch: Es wird viel über Sterben gesprochen, aber wenige haben Erfahrung *mit* dem Sterben. Diese enorme Angst vorm Sterben rührt sicher auch daher, dass so viele Menschen es gar nicht mehr kennen, dass sie nicht dabei sind, wenn ihre Angehörigen hinter den Türen von Krankenhäusern und Pflegeheimen den letzten Weg gehen. Das ist kein Vorwurf. Das ist Realität in einer Zeit von Mobilität, Leistungsdruck und räumlicher Distanz, in der Familien leben. Die Erfahrung des Todes, die Zeit, die das Sterben braucht, die Ruhe, Geduld und Zärtlichkeit, die letzte Wege begleiten sollten, geht verloren. Und dann kommt der Pragmatismus: Da mache ich persönlich klar Schiff, eigenständig, unabhängig, selbstbestimmt. Hört sich gut an in der Welt der „Macher", ist aber auch traurig, finde ich. Nicht einmal im Bezug auf das Sterben haben wir mehr Geduld miteinander, nicht einmal diese Schwäche gestehen wir uns zu.

Zum anderen: Es gibt die Fälle, wo infrage steht, ob das Sterben verkürzt werden kann. Nach meiner Erfahrung ermöglicht das die passive Sterbehilfe sehr wohl, indem auf lebensverlängernde Maßnahmen wie Nahrungs- und Flüssigkeitszufuhr verzichtet wird. Aber das auszuhalten fällt vielen schwer. Weil auch das Zeit, Geduld und Zärtlichkeit braucht. Manches kann dem Vertrauensverhältnis von Ärztin und Patienten oder auch bevollmächtigten Angehörigen überlassen werden, die das miteinander beraten. Auch bei der Palliativmedizin ist klar, dass eine Erhöhung der schmerzstillenden Dosis die Lebenszeit verkürzt. Niemand stellt das infrage, hier hat die Diskussion die Haltung vieler verändert. Und insofern ist sie gut, die Debatte um das Sterben. Es geht nicht um moralisch erhobene Zeigefinger. Es geht um die Würde der Menschen, die am Ende des Lebens stehen.

Sterben-lassen

Auch Sterben-lassen will gelernt sein. Manches Mal sind es doch überhaupt nicht die Ärztinnen und Ärzte oder das Pflegepersonal, die Menschen unbedingt weiter behandeln wollen, sondern die Angehörigen. Sie entscheiden dann vor allem für „optimale Behandlung" und fordern noch eine Reanimation oder eine weitere Operation – aus lauter Angst, etwas zu unterlassen, irgendwie schuldig zu werden.

Die Debatte würde sich vielleicht deutlich entspannen, wenn nicht alle nur Schreckensszenarien vor Augen hätten von entsetzlich hilflosen, ausgelieferten Situationen, sondern wenn Menschen in die Pflegeheime hineingingen, um sich selbst ein Bild zu machen. Ja, solche Schreckensszenarien, Situationen des Ausgeliefertseins, gibt es auch. Doch zumeist, wenn eben keine Patientenverfügung vorhanden, zu wenig geregelt und vorbereitet ist.

Entsetzliche Schmerzen gibt es auch, doch zumeist nur dort, wo keine palliativmedizinische Ausbildung existiert.

Beihilfe zum Suizid

Nein, niemand kann zum Leben gezwungen werden, das ist doch glasklar. Aber wie fühlst du dich, wenn du jemandem den Todestrunk gibst? Ist das wirklich ein Liebesdienst, wie es oft so schön beschrieben wird? Der selbst ernannte Sterbehelfer Roger Kusch, der nach eigenen Angaben 118 Menschen beim Sterben „geholfen" hat, steht unter Anklage[73]. Zwei Frauen, 81 und 85 Jahre alt, hatten Angst vor dem Altern, vor „dem Heim". Obwohl sie als geistig und körperlich „rege" eingestuft wurden und gute soziale Kontakte hatten, galt ihre Todesentscheidung als „wohlerwogen". An ihrem Todestag hat nach den Angaben der Staatsanwaltschaft eine der Frauen geweint, beide hätten mit der Entscheidung gehadert, der Arzt habe aber suggeriert, dass die Entscheidung alternativlos sei. Das Verfahren läuft. Aber allein das zu lesen, empfinde ich als todtraurig im wahrsten Sinne des Wortes!

Wer würde denn entscheiden wollen, dass es Zeit für die finale Spritze oder den Gifttrunk ist? Ich nicht! Es ist Zeit für Ruhe, für Geduld, für Lieder, für Dabeibleiben. Da besteht eine Unverfügbarkeit, die natürlich viele Zeitgenossen unruhig macht, weil sie selbst bestimmen wollen. Aber sie zeigt auch etwas vom Leben, finde ich.

„Plädoyer für ein Sterben in Würde" – so titelt der SPIEGEL am 3. Februar 2014. Ein gutes Plädoyer. Wer wollte denn anders

---

73 Hierzu und zum Folgenden vgl. Freitod mit Fragezeichen, SZ 14.5.14, S. 5.

sterben oder wer will, dass die Angehörigen unwürdig sterben? Niemand! Der Artikel ist am Ende wesentlich sensibler als der Titel verspricht. Etwa wenn klar wird: „Gerade weil es beim Sterben kein objektives Richtig oder Falsch gibt, kann die Haltung des Einzelnen beeinflusst oder manipuliert, der Lebenswille gestärkt oder geschwächt werden. Wie aufrichtig ist ein Todeswunsch, wie endgültig, wie unumstößlich? ‚Herr Doktor, können Sie mir nicht eine Spritze geben, damit ich morgen nicht mehr aufwachen muss?‘ Diese und ähnliche Sätze klingen eindeutig – und doch sind sie nicht mit einem tatsächlichen Sterbewunsch gleichzusetzen.“[74]

Ich finde beachtlich, dass der SPIEGEL so differenziert hinschaut. Er zeigt im Artikel auch, was Palliativmediziner immer wieder sagen: Der Wunsch Schwerkranker zu sterben ist oft der Wunsch nach dem Ende einer Situation, die unerträglich erscheint, und nicht der Wunsch, nicht mehr zu leben.

Dem Leben selbst ein Ende setzen

In der schon mehrfach genannten RBB-Sendung meldete sich auch Anna zum Thema Suizid:

„Ich bin ein bisschen aufgeregt. Ich versuche mich kurz zu fassen. Mein Problem ist eigentlich das Thema Suizid. Ich muss das vorausschicken, ich bin durch wiederholte depressive Phasen gegangen in meinem Leben, bin jetzt schon im Rentenalter ... Wenn es mir jetzt besonders schlecht geht, ist es vielleicht doch so, dass man evtl. einen Fingerzeig bekommt, dass man es, Frau Käßmann, ich sage das ganz bewusst, dass man es vielleicht tun darf, aus dem

74 Der moderne Tod, in: SPIEGEL, 3. Februar 2014, S. 31 ff.; S. 33.

Leben gehen … Das ist ja das Furchtbare, dass ich die Beziehung zu den Dingen nicht mehr so bekomme. Beziehung zur Natur. Und meinen Sinn im Leben völlig verloren habe. Verstehen Sie bitte. Dazu kommt ja, dass ich andere nur noch belaste … Ich suche den Sinn und ich frage mich, wenn ich noch eins sagen darf. Ich lebe elf Jahre ohne Magen, ohne Milz, Totalresektion nach Krebs. Und ich frage mich, wenn Gott oder dieses große Geheimnis, wie ich es auch nenne. Das große Geheimnis, was ich auch achte und ehren möchte. Ich denke, wo ist denn noch mein Sinn? Und wozu, wenn ich dann wieder noch so lange lebe?"

Es war ein ungeheuer anrührendes Gespräch. Wir konnten es im Radio nicht lange weiterführen, haben aber am Tag danach ausführlicher miteinander telefoniert. Annas große Frage war, ob sie sich das Leben nehmen darf. Es war fast, als hoffte sie, ich würde ihr die Erlaubnis geben. Meine Wahrnehmung ist aber nun einmal nicht, dass der christliche Glaube mit Verboten handelt, es geht nicht um Erlauben oder nicht, das Christentum ist doch eine Freiheitsreligion.

2003 kam der Film „Martin Luther" mit Joseph Finnes in der Hauptrolle in die Kinos. In einer Szene ging es darum, dass ein Junge sich mit 15 Jahren das Leben genommen hatte. Im 16. Jahrhundert wurden Selbstmörder normalerweise nicht auf dem kirchlichen Friedhof beerdigt. Luther nimmt dieses Kind und beerdigt es mit den Eltern auf dem kirchlichen Friedhof. Das ist nicht historisch belegt, drückt aber aus: „Gott verurteilt nicht!" Nicht wie du lebst macht dein Leben vor Gott sinnvoll, auch nicht wie du stirbst, sondern Gott sagt dem Leben grundsätzlich Sinn zu.

Ich habe Anna in ihrer Verzweiflung Menschen zur Seite gewünscht, die regelmäßig vorbeikommen und sagen: „Ich mache dir Mut und ich bin bei dir!" Über das Diakonische Werk in Berlin konnten ihr solche Kontakte vermittelt werden. Aber ob sie ihr die Verzweiflung nehmen konnten? Mehrfach haben mich inzwischen Menschen angeschrieben, die mich gebeten haben, sie dabei zu unterstützen, einen Arzt zu finden, der ihnen hilft, ihr Leben zu beenden. Eine Dame fragte mehrfach nach der Adresse von Dr. Arnold, der aktive Sterbehilfe befürwortet.

Bei diesem sensiblen Thema bin ich hin- und hergerissen. Einfache Antworten gibt es nicht und jede Situation ist sehr individuell zu beurteilen. Ich wünsche denen, die den Wunsch haben zu sterben, Menschen an ihrer Seite, die ihnen zuhören, die für sie da sind, viel Zeit und Geduld haben. Aber ich kann mir nicht vorstellen, dass jemand kommt und den Todestrunk verabreicht. Nein, das ist kein moralisch erhobener Zeigefinger, wie es „Kirchenmenschen" gern unterstellt wird. Das ist wiederum die Frage nach der Würde des Miteinanders und dem Respekt vor Sterben und Tod. Es geht darum, nach Möglichkeiten zu suchen, wie Schwerkranke die Unterstützung erhalten, die sie ganz persönlich brauchen.

Lebensmüde

Was den Glauben betrifft, sehe ich wie gesagt das Christentum nicht als Verbotsreligion. Es geht um das Leben. Auch nicht darum, auf ewiges Leben zu vertrösten, um hier alles auszuhalten. Die Bibel kennt doch die Sehnsucht nach dem Ende sehr gut. Mose kann nicht mehr. Elia will sterben. Solche Gefühle werden überhaupt nicht ausgeblendet! Spannend ist, finde ich, dass es in der Bibel immer wieder Menschen gibt, die nicht mehr leben wollen, keine Kraft mehr haben. Denken wir etwa an Hagar:

Da stand Abraham früh am Morgen auf und nahm Brot und einen Schlauch mit Wasser und legte es Hagar auf ihre Schulter, dazu den Knaben, und schickte sie fort. Da zog sie hin und irrte in der Wüste umher bei Beerscheba. Als nun das Wasser in dem Schlauch ausgegangen war, warf sie den Knaben unter einen Strauch und ging hin und setzte sich gegenüber von ferne, einen Bogenschuss weit; denn sie sprach: Ich kann nicht ansehen des Knaben Sterben. Und sie setzte sich gegenüber und erhob ihre Stimme und weinte. Da erhörte Gott die Stimme des Knaben. Und der Engel Gottes rief Hagar vom Himmel her und sprach zu ihr: Was ist dir, Hagar? Fürchte dich nicht; denn Gott hat gehört die Stimme des Knaben, der dort liegt. Steh auf, nimm den Knaben und führe ihn an deiner Hand; denn ich will ihn zum großen Volk machen. Und Gott tat ihr die Augen auf, dass sie einen Wasserbrunnen sah. Da ging sie hin und füllte den Schlauch mit Wasser und tränkte den Knaben. Und Gott war mit dem Knaben. Der wuchs heran und wohnte in der Wüste und wurde ein guter Schütze (4 Mose 21,14–20).

Es sind Engel, die Kraft geben, wo keine Lebenskraft mehr ist. Das ist auch beim Propheten Elia so, als er erschöpft sterben will. Es heißt: *Er aber ging hin in die Wüste eine Tagereise weit und kam und setzte sich unter einen Wacholder und wünschte sich zu sterben und sprach: Es ist genug, so nimm nun, HERR, meine Seele; ich bin nicht besser als meine Väter. Und er legte sich hin und schlief unter dem Wacholder. Und siehe, ein Engel rührte ihn an und sprach zu ihm: Steh auf und iss!"* (1 Kön 19,4 f.).

Sterben zu wollen ist biblisch gesehen also überhaupt nicht verwerflich. Es geht darum, woher die Kraft zum Leben kommen kann. *Der Mensch hat keine Macht über den Tag des Todes,* heißt es im biblischen Buch Prediger (8,8). Das sehe ich weniger als Verbotsethik, sondern als tiefe Einsicht in die Realität des Lebens. Wir können den Tod nicht beherrschen. Es klingt so klar: Ich werde entscheiden. Aber was ist eigentlich mit den Angehörigen?

Die Zurückbleibenden

Als Gunter Sachs Selbstmord beging, waren die Angehörigen erschüttert. Er, der „Lebemann", wie es hieß, bestimmte, selbst aus dem Leben zu scheiden. Aber hat er daran gedacht, was es für die anderen bedeutet? Denkt jemand, der sich mit Selbstmordabsicht vor den Zug wirft, auch an den Zugführer? Es wird immer wieder berichtet, dass diejenigen, die sich auf die Schienen stellen, dem Zugführer direkt in die Augen schauen, als wollten sie ein Duell bestehen ... Ein Trauma für den Mann oder die Frau, die den Zug nicht rechtzeitig zum Halten bringen kann.

Gut, werden einige sagen, dann bringt doch den von der Krankenkasse finanzierten Todestrank auf den Markt! Dann könnte ihn sich holen, wer sterben will. Niemand wäre belastet. Wäre das so? Sagen wir dann: „Freunde, am 11. August um 15 Uhr wird es so weit sein. Kommt doch vorbei ..." Ich weiß, das klingt zynisch. Aber ständig wird von Szenarien eines nicht selbst bestimmten Sterbens an Maschinen berichtet. Dem scheinbar hilflos ausgeliefert, müssen wir uns doch auch die anderen Szenarien vorstellen. Wie fühlst du dich, wenn du den „Schierlingsbecher" trinkst? Selbstbewusst, frei? Oder einsam, verlassen? Und wenn andere dabeisein sollen, wie geht es ihnen damit? Fühlen sie sich gut, weil du selbstbestimmt stirbst, oder eher schuldig, weil sie dich vielleicht doch zum Leben hätten überreden sollen, weil es schön gewesen wäre, noch ein paar Tage miteinander zu haben?

Es gibt keine so leichten und klaren Antworten, denke ich.

Angehörige sind oft hilflos, wenn sie sehen, wie ein Mensch, den sie lieben und achten, für den sie sich zumindest zuständig fühlen, leidet. Was sollen sie denn tun, wenn dieser Mensch sagt: Am liebsten möchte ich sterben!

Ich denke, wir können sie bestärken zu sagen: „Ich bin doch da, ich nehme mir die Zeit, mach dir keine Sorgen!" Dazu aber braucht es eine Gesellschaft, die diesen Raum auch gibt. Und es braucht Begegnungen mit Todkranken, die die Angst vor dem Zusammensein nehmen. Die ambulante Hospizbewegung leistet in dieser Hinsicht enorm viel! Menschen, die sich dafür ausbilden lassen und dafür engagieren, werden nach und nach sicherer im Umgang mit solchen Situationen. Angehörige werden entlastet, wenn sie nicht aktiv irgendetwas tun müssen, sondern begreifen: Jetzt hilft es, nur da zu sein, Ruhe zu finden, das Sterben als Prozess zu sehen, den ich nicht kontrollieren kann. So kommen Mitarbeitende im ambulanten Hospiz zu den Sterbenden, um Zeit mit ihnen zu verbringen, ihnen vorzulesen. Und mit ihnen zu sprechen, wenn sie das möchten.

Angst vor dem Tod

Bei allem Reden über den Willen zu sterben sollte aber die Angst vor dem Sterben nicht ausgeblendet werden. Jeder Mensch möchte in Frieden und gelassen sterben, denke ich. Aber doch ist da auch Angst. Wir alle sterben nur einmal, niemand hat Erfahrung mit dem eigenen Sterben!

Dabei ist Todesangst bei Jüngeren gewiss etwas ganz anderes als bei Menschen im hohen Alter. „Ich will nicht sterben!" – das ist so sehr verständlich bei einem jungen Menschen, der leben will, sich nach Zukunft sehnt.

Aber auch Ältere kennen das. Der Tod macht Angst, weil wir ihn nicht persönlich kennen. Der Radiomoderator Jürgen Domian hat 2012 ein Buch mit dem Titel „Interview mit dem Tod" veröffentlicht.[75] Seit vielen Jahren hat er eine Radiosendung, in der Menschen anrufen können zu allen Themen, die sie bewegen. Sein fiktives Gespräch mit dem Tod ist anregend. Und in der Fiktion stellt Domian all die Fragen, die uns bewegen, wenn der Tod so grausam, so sinnlos erscheint. Ein Dialog als Kostprobe:

Du irrst nie? Dann sind also die Millionen Kriegsopfer auf Erden ... richtig? Die KZ-Opfer? Die im Gulag Ermordeten? Die von Gewaltregimen Hingerichteten? Ist es richtig, dass bei Erdbeben und Flutkatastrophen Hunderttausende umkommen? Ist es richtig, dass Kinder ermordet werden? Ist es richtig ...

Beruhige dich, beruhige dich. Als Mensch, als mitfühlender Mensch musst du so sprechen, das ist folgerichtig. Und dein Intellekt kann all das nicht begreifen. In meiner Welt aber gibt es kein Gut und Böse. Alles ist, was es ist. Alles ist Ausdruck des Seins. Untergang heißt auch Aufgang. Das Sterben ist genauso bedeutsam wie das Geborenwerden.

Das soll ich der Mutter sagen, deren Kind ermordet wurde?

75 Jürgen Domian, Interview mit dem Tod, Gütersloh 2012.

Nein. Überlass das den Predigern. Diese Einsicht kann der Mensch nur empfinden, nicht verstehen. Und für die meisten ist es ein weiter Weg, zu diesem Empfinden zu gelangen.[76]

Soweit ein Auszug aus Domians „Dialog mit dem Tod". Wir sind uns in einer Talkshow begegnet und ich finde seine Idee faszinierend, weil wir all diese Fragen natürlich stellen wollen. Ob wir sie dem Tod stellen? Oder Gott? In jedem Fall denke ich nicht, dass der Trost allein den Predigern überlassen ist. Das hört sich an, als würden sie beschwichtigen. Für mich ist der christliche Glaube kein Beruhigungsmittel, mit dem Menschen sich in ihrer Angst betäuben. Vielmehr ist er die Ermutigung hinzuschauen, die Angst zu sehen, sich den Fragen zu stellen.

Der Schmerz des Todes aber lässt sich nicht übertünchen. Er muss Raum finden. Und die Angst vor dem Tod darf nicht bagatellisiert werden, sie ist real. Der „Dialog mit dem Tod" kann insofern befreiend sein, als dass wichtige Fragen gestellt werden, wir nicht stumm bleiben in der Angst. Denn dies ist das, was uns in unserer Angst am meisten beklemmt: keine Worte mehr finden, eingeschlossen sein in diesen Druck, der sich auf die Seele legt, den ganzen Körper lahmlegen kann.

Für mich wäre ein Gespräch mit Gott eher angesagt als ein Gespräch mit dem Tod. Aber auch Dorothee Sölle hat ihre „Mystik des Todes"[77] mit einem Brief an den Tod begonnen. Sie schreibt: „Dear Mr Death, Sehr geehrter Herr Tod, ich kenne Ihre Adresse nicht, weiß aber, dass Sie über eine ungeheure Anzahl von Angestellten, Bediensteten und gut bezahlten Beratern

---

76 Ebd. S. 28 f.
77 Dorothee Sölle, Mystik des Todes, Gütersloh 2003.

in Ihrem erfolgreichen Unternehmen verfügen."[78] Warum wohl diese Personalisierung? Weil wir mit dem Tod ringen wollen? Weil wir ihn verstehen wollen? Vielleicht weil er greifbarer, begreifbarer wäre, wenn wir mit ihm sprechen könnten.

In Würde sterben

Für mich ist der Tod nicht personal. Der Tod bringt Angst, Schmerz und Leid. Ich kann sie nicht verdrängen, werde sie nicht weichzeichnen. Aber alles ist für mich aufgehoben im Gottvertrauen. Im ersten Petrusbrief (5,7) heißt es: *Alle eure Sorge werft auf ihn; denn er sorgt für euch.* So kann ich mein Gottvertrauen leben auch in schweren Zeiten. Mein Glaube zeigt mir eine andere Dimension des Lebens. Oder, wie Dorothee Sölle im genannten Buch schreibt: „Die Religion sagt auch, dass wir gottesfähig sind, transzendenzfähig, liebesfähig."[79]

Wer sich bei Gott geborgen weiß, kann sich einfinden in die große Weite der Transzendenz, die wir nicht benennen, analysieren oder gar handhaben können. Die größte Zukunftsvision der Bibel findet sich im Buch der Offenbarung, Kapitel 21, Vers 1–4: *Und ich sah einen neuen Himmel und eine neue Erde; denn der erste Himmel und die erste Erde sind vergangen, und das Meer ist nicht mehr. Und ich sah die heilige Stadt, das neue Jerusalem, von Gott aus dem Himmel herabkommen, bereitet wie eine geschmückte Braut für ihren Mann. Und ich hörte eine große Stimme von dem Thron her, die sprach: Siehe da, die Hütte Gottes bei den Menschen! Und er wird bei ihnen wohnen, und sie werden sein Volk sein und er selbst, Gott mit ihnen, wird ihr Gott sein; und*

78 Ebd. S. 13. / 79 Ebd. S. 91.

Gott wird abwischen alle Tränen von ihren Augen, und der Tod wird nicht mehr sein, noch Leid noch Geschrei noch Schmerz wird mehr sein; denn das Erste ist vergangen.

Das ist eine Vision, an die ich mich halten kann in der Angst vor dem Tod, angesichts von Leid und Schmerz, die Sterben und Trauer auslösen. Es ist für mich keine Vertröstung auf ein besseres Jenseits, das die Realität Hier und Jetzt einebnet. Es ist eine Hoffnung auf mehr als wir begreifen und sehen. Und diese Hoffnung findet ihre Anregung in unseren Erfahrungen von Fülle, Glück, Frieden und Gerechtigkeit schon in dieser Welt.

Alles hat seine Zeit (Prediger 3,1–15):

Ein jegliches hat seine Zeit, und alles Vorhaben unter dem Himmel hat seine Stunde:

geboren werden hat seine Zeit, sterben hat seine Zeit; pflanzen hat seine Zeit, ausreißen, was gepflanzt ist, hat seine Zeit;

töten hat seine Zeit, heilen hat seine Zeit; abbrechen hat seine Zeit, bauen hat seine Zeit;

weinen hat seine Zeit, lachen hat seine Zeit; klagen hat seine Zeit, tanzen hat seine Zeit;

Steine wegwerfen hat seine Zeit, Steine sammeln hat seine Zeit; herzen hat seine Zeit, aufhören zu herzen hat seine Zeit;

suchen hat seine Zeit, verlieren hat seine Zeit; behalten hat seine Zeit, wegwerfen hat seine Zeit;

zerreißen hat seine Zeit, zunähen hat seine Zeit; schweigen hat seine Zeit, reden hat seine Zeit;

lieben hat seine Zeit, hassen hat seine Zeit; Streit hat seine Zeit, Friede hat seine Zeit.

Man mühe sich ab, wie man will, so hat man keinen Gewinn davon.

Ich sah die Arbeit, die Gott den Menschen gegeben hat, dass sie sich damit plagen.

Er hat alles schön gemacht zu seiner Zeit, auch hat er die Ewigkeit in ihr Herz gelegt; nur dass der Mensch nicht ergründen kann das Werk, das Gott tut, weder Anfang noch Ende.

Da merkte ich, dass es nichts Besseres dabei gibt als fröhlich sein und sich gütlich tun in seinem Leben.

Denn ein Mensch, der da isst und trinkt und hat guten Mut bei all seinem Mühen, das ist eine Gabe Gottes.

Ich merkte, dass alles, was Gott tut, das besteht für ewig; man kann nichts dazutun noch wegtun. Das alles tut Gott, dass man sich vor ihm fürchten soll.

Was geschieht, das ist schon längst gewesen, und was sein wird, ist auch schon längst gewesen; und Gott holt wieder hervor, was vergangen ist.

10 Von der Lebenslust ∽
Das Leben in Fülle leben – gerade weil es Grenzen gibt

Ein Buch von Bronnie Ware mit dem Titel „5 Dinge, die Sterbende am meisten bereuen. Einsichten, die Ihr Leben verändern werden" wurde zum Bestseller. Ein Titel, der wirklich neugierig macht! Er deutet an: Schau hin, was die anderen am Ende bereut haben. Vielleicht kannst du dann anders leben, damit du in Frieden und ohne Reue sterben kannst. Wenn ich weiß, was Sterbende bereuen, sagt mir das etwas für mein Leben!

Bronnie Ware schildert in ihrem Buch die eigene Lebensgeschichte. Dabei erzählt sie von einzelnen Menschen, die sie als persönliche Betreuerin begleitet hat, sie erzählt von Gesprächen mit ihnen und ihren Gedanken dazu. Die fünf „Dinge", die sie aus ihrer Erfahrung zusammenfasst, sind nicht so besonders überraschend:

1. *Ich wünschte, ich hätte den Mut gehabt, mir selbst treu zu bleiben, statt so zu leben, wie andere es von mir erwarteten.*
2. *Ich wünschte, ich hätte nicht so viel gearbeitet.*
3. *Ich wünschte, ich hätte den Mut gehabt, meinen Gefühlen Ausdruck zu verleihen.*
4. *Ich wünschte, ich hätte den Kontakt zu meinen Freunden gehalten.*
5. *Ich wünschte, ich hätte mir mehr Freude gegönnt.*

Im Grunde drückt das doch den Wunsch jedes Menschen aus, bewusst zu leben. Frei zu sein von all dem Druck, sich nicht auf den Schein zu konzentrieren, sondern darauf, die begrenzte Zeit auszuschöpfen, um am Ende dankbar zurückblicken zu können.

Die Erwartungen anderer

Wer ständig den *Erwartungen anderer* gerecht werden will, hat keinen Raum zu fragen: Wie will ich denn selbst leben, wenn ich könnte, wie ich wollte? Aber welche Erwartungen bremsen Menschen eigentlich aus? Es können die Erwartungen der Eltern sein, dass der Sohn erfolgreich sein soll. Da studiert er mühselig Jura, würde aber viel lieber Musiker sein und sich in den Kneipen von Berlin ausprobieren. Es kann die Erwartung des Partners sein, dass die Frau sich um Haus und Kinder kümmert. Sie verkümmert aber mehr und mehr, weil sie einen hervorragenden Studienabschluss hat und so gern ihre Kreativität beruflich umsetzen würde. Es kann die Erwartung der Kinder sein, wie die Eltern denn eigentlich sein sollten. Oder es können auch die Erwartungen sein, wie du im Beruf zu agieren hast. Alle meinen, du müsstest zufrieden sein, aber du selbst spürst, dass du gern noch einmal etwas ganz anderes wagen würdest.

Viele Menschen gehen darin völlig auf, die Erwartungen anderer zu erfüllen. Kommt aber ein Punkt, eine Wende, eine Erkrankung, in der du dich fragst: *Wer ist eigentlich der Mensch hinter dieser Fassade von Effektivität?*, dann kann das zu schweren Erschütterungen führen. Manches Mal, wenn ich die prominenten Köpfe der Republik im Fernsehen sehe, wie sie von Termin zu Termin hetzen, immer präsent, frage ich mich: Hast du noch Zeit, Luft zu holen? Wann bist du entspannt genug für deine Kinder? Oder wann hast du schlicht Zeit für dich? Weißt du noch, warum du tust, was du tust, und wofür? Hast du noch Gelegenheiten, bei denen du ohne Termindruck lesen und nachdenken kannst? Auch mir selbst stelle ich von Zeit zu Zeit die gleichen Fragen. Und manchmal erschrecke ich dabei, wenn ich erkenne, wie sehr ich mich in etwas verrannt habe.

Nach meinem Rücktritt als Landesbischöfin und Ratsvorsitzende der EKD war ich zunächst völlig damit beschäftigt, die hannoversche Bischofskanzlei übergabefertig zu machen. Da musste sortiert werden – was ist privat, was bleibt in der Kanzlei? Geschenke an die Landesbischöfin, „gesammelt" in fast elf Jahren, waren weiterzugeben – sie wurden am Ende für einen guten Zweck verkauft. Und es war die Wohnung einer sechsköpfigen Familie auszuräumen – inklusive Keller, Hasenstall, Gartengeräten. Das war zeitintensiv. Und es war auch belastend, sich von so vielem trennen zu müssen, weil die neue Wohnung in Berlin keinen Platz für all die Bücher und all die Möbel hat. Andererseits ist so ein Aussortieren natürlich auch gut und heilsam: Was ist dir wirklich wichtig? Musst du all die Krimis mitnehmen – du wirst sie ohnehin nicht noch einmal lesen! Brauchst du die ganze theologische Fachliteratur – im Notfall kannst du sie ausleihen. Bettwäsche für zwanzig Personen wird nicht mehr notwendig sein, Geschirr auch nicht, das Klavier kann verschenkt werden und das gilt für die Küche, den großen Esstisch und die Standuhr ebenso. Was ist wichtig? Umzüge können enorm hilfreich sein fürs Sortieren des eigenen Lebens.

Als ich danach in die USA ging, brauchte ich im Studentenzimmer, das für einige Monate mein Zuhause war, einige Zeit, um „runterzukommen". Kein Tagesplan mehr, niemand zu versorgen, bis auf wenige Verpflichtungen keine Erwartungen zu erfüllen. Eine solche Vollbremsung kann sehr heilsam sein. Aber eigentlich sollte sie nicht nur dann gemacht werden, wenn es überhaupt nicht mehr anders geht. Es wäre gut, mitten im Leben abzubremsen und sich zu fragen: Wofür mache ich das alles, warum muss dieser Termin sein, weiß ich überhaupt noch, was mich antreibt oder lasse ich mich antreiben?

Kurz vor Weihnachten traf ich bei einer Podiumsdiskussion einen Politiker, der sagte, in 90 Minuten müsse er weiter. Ich fragte ihn damals, ob er noch anhalten könnte. Er sagte: „Um Himmels willen, man darf bloß nicht runterkommen, dann geht gar nichts mehr!"

Das ist aber doch kein glückliches und bewusstes Leben! Würde die Welt untergehen, wenn er bei der Podiumsdiskussion nicht dabei wäre? Würde es Deutschland schaden, wenn jemand schlicht mal vier Wochen keine Mails beantwortete? Wir dürfen uns alle auch nicht selbst überschätzen! Sind das die Erwartungen anderer oder die eigenen?

Sehr schön finde ich dabei den Ausdruck „mir selbst treu bleiben". Was kann das heißen für mein Leben? Das ist die Frage. Was ist mir wichtig? Wer bin ich und wie will ich die Zeit meines Lebens nutzen, gestalten, verbringen?

Im Blick behalten, was wichtig ist

Der Arbeitsdruck ist für die meisten Menschen enorm. Gewiss, Erwerbsarbeit kann Befriedigung bringen, wenn ich mich verwirklichen, meine Gaben einbringen, einen Ort finden kann, an dem ich etwas zum großen Ganzen beitrage. Und Arbeit ist schlicht notwendig für den Lebensunterhalt. Aber wer zu viel arbeitet, verliert aus dem Blick, was wichtig ist. Manchmal habe ich den Eindruck, es gibt Menschen, die definieren ihr ganzes Sein über ihre Erwerbsarbeit, müssen ständig erzählen, wo sie gerade waren, was sie gerade machen, wie erfolgreich sie sind. Am Ende steht, zynisch gesagt, auf dem Grabstein: „Müh und Arbeit war sein Leben, Mühe hat ihm Gott gegeben".

Das Christentum aber ist doch keine Arbeitsreligion. Gerade der Protestantismus sagt, dass nichts, was wir leisten, unserem Leben Sinn gibt. O ja, ich weiß, dass Max Weber den Erfolg des amerikanischen Wirtschaftssystems mit dem protestantischen Arbeitsethos in Verbindung bringt. Aber macht Arbeit glücklich?

Und was heißt Arbeit? Da ist ständig nur Erwerbsarbeit im Blick. Es ist auch Arbeit, Angehörige zu pflegen, Kinder zu erziehen, sich mit Behinderungen selbst zu versorgen. Mir scheint, wir müssen den Begriff „Arbeit" anders besetzen. Kürzlich erzählte mir ein Lehrer, der kurz vor der Pension steht, dass er eine Therapie begonnen habe, weil ihn die Angst vor dem Ruhestand so umtreibt. Nach seinen Gefühlen zu fragen, das sei für ihn wie die Entdeckung einer völlig neuen Welt. Warum lernen so viele Menschen, ihre Gefühle zu verdrängen, zu kontrollieren? Können wir lernen zu sagen: Das fühle ich jetzt, ohne Angst vor Konventionen zu haben?

Freundinnen und Freunde stehen für all die Beziehungen, die durch Geld nicht zu ersetzen sind. Und wirkliche Freundschaft braucht Zeit, braucht gemeinsame Unternehmungen, viele Gespräche. An diesem Punkt wie an allen anderen, die Bronnie Ware nennt, wird noch einmal deutlich: Das, was Sterbende bereuen, ist nicht käuflich: Liebe, Zeit, Beziehung, Glück.

Zu einem Leben in Fülle, zu gelingendem Leben gehört ganz gewiss auch die *Freude* am Leben. Mich stört zunehmend, wie fixiert Menschen auf Gewinn, auf Haben aus sind und dabei das Sein verlieren. Vor vielen Jahrzehnten hat Erich Fromm das in seinem Buch „Haben oder Sein" intensiv beschrieben. Dieses Haben- und Haltenwollen ist nicht sehr lebenslustig. Freude entsteht durch anderes. Zum Beispiel durch das Glück des Augenblicks. Durch die Liebe, die du erfährst und die du weitergibst.

Kürzlich habe ich ein Paar getraut, bei dem beide eine gescheiterte Ehe hinter sich hatten. Beide, Anfang 50, waren sich ihres Glücks derart freudig bewusst, wie das bei Jüngeren selten der Fall ist. Dass sie gern an die Nordsee fahren. Dass sie gemeinsam den Sternenhimmel bestaunen. Das ist Glück für sie und sie sind dankbar dafür. Vor dreißig Jahren wäre das gewiss noch anders gewesen. Es tat gut, die beiden so bewusst ihr Glück begreifen zu sehen.

Mich freut im Evangelium immer wieder die eine Stelle, an der Jesus selbst hinschaut, wie schön die Natur und damit auch das Leben ist. Er sagt: *Seht die Lilien an, wie sie wachsen: sie spinnen nicht, sie weben nicht. Ich sage euch aber, dass auch Salomo in aller seiner Herrlichkeit nicht gekleidet gewesen ist wie eine von ihnen* (Lk 12,27). Das wahrzunehmen, hinzusehen, sich zu freuen, Leidenschaft für die Schönheit, für das Leben entwickeln – das ist Glück. Aus diesen Worten spricht eine Lebensheiterkeit, die auch Gelassenheit ausstrahlt. So schön kann die Natur sein! Viel schöner als jede neue Kreation von irgendeinem Modedesigner. Nimm dir die Zeit hinzuschauen!

Insofern sind die fünf Punkte, die Sterbende nach den Schilderungen von Bronnie Ware am meisten bereuen, sehr einleuchtend in einer Gesellschaft, die Erwartungs- und Leistungs- bzw. Erfolgsdruck kennt. Es scheint aber, dass immer mehr Menschen sehen, wie wichtig für die Lebenslust das Unverkäufliche ist: Zeit, Beziehung, Glück. Das belegt auf eigene Weise auch die Shell-Jugendstudie (2010). Auf der entsprechenden Homepage heißt es: „Die Bedeutung der Familie für Jugendliche ist ein weiteres Mal angestiegen. Mehr als drei Viertel der Jugendlichen (76 Prozent) stellen für sich fest, dass man eine Familie braucht, um wirklich glücklich leben zu können. Das bezieht sich nicht nur auf die Gründung einer eigenen Familie, sondern auch auf die Herkunftsfamilie. Diese bietet gerade in Zeiten gestiegener Anforderungen in Schule, Ausbildung und den ersten Berufsjahren Rückhalt und emotionale Unterstützung."

Offensichtlich nimmt die Bedeutung von Beziehungen zu, während die Dominanz materieller Ziele in den Hintergrund tritt. Gewiss, Geld und Einkommen sowie die dadurch erlangte Sicherheit spielen eine Rolle. Aber die Beziehungsebene wird zunehmend wertgeschätzt. Das ist eine ermutigende Entwicklung, die sich vielleicht auch der Erfahrung der Finanzkrise verdankt. Sie hat gezeigt, wie schnell die vermeintlichen „Macher", die Erfolgreichen, alles verlieren können, was sie an materieller Sicherheit angehäuft haben, und wie sehr am Ende genau das entscheidend ist im Leben, was nicht käuflich ist: Liebe, Beziehung, Vertrauen, Familie.

Der Druck am Arbeitsplatz, die Last der Erwartungen, die Erschöpfung, stetig viel leisten zu müssen – in vielen Gesprächen kommt zum Ausdruck, dass Menschen sich eingesperrt fühlen wie in einem Hamsterrad. Druck und Stress nehmen zu, Zeit wird zum kostbaren Gut. Wehe, du kannst nicht mithalten! „Es kann doch nicht sein, dass ich mich nur noch von einem Urlaub zum nächsten irgendwie durchschlage!" Und das Lebensziel kann auch nicht sein, so viel Geld anzuhäufen, dass ich den Rest meiner Tage auf der „Aida" verbringen kann. Es geht darum, selbstbestimmt zu leben, die Zeit im besten Sinne auszukosten.

Gewiss, das klingt egoistisch. Wer kann sich solche Gedanken schon leisten, wenn er in einer Region des Hungers leben muss oder in ein Flüchtlingscamp gesperrt ist. Aber in unserer Situation, in unserem Land gilt es zu fragen: Wie will ich leben, damit ich eines Tages zufrieden zurückblicken kann? Was muss ich beachten, damit ich am Ende nicht so vieles bereue, sondern denke: So habe ich gelebt, ganz bewusst, mit allen Höhen und Tiefen. Nicht alle Abzweigungen habe ich richtig genommen, manchmal war ich fremdbestimmt, aber insgesamt war mein Leben gut. Ich wurde nicht gelebt, ich habe gelebt.

Es geht darum, im Blick zu behalten, was wichtig ist. Und mit der Angst umgehen zu lernen. Zu begreifen, dass die wirklich wichtigen Dinge nicht käuflich sind. Und das Staunen nicht zu verlernen.

Versöhnung mit dem Leben – die Geschichte von Josef

Eine der einprägsamsten Geschichten der Bibel ist die von Josef (1 Mose 36 ff.). Zunächst ist er ein Kind, das früh die Mutter verliert, vom Vater vielleicht auch deshalb besonders verwöhnt wird. Das lässt ihn hochnäsig werden, er sieht sich als Zentrum des Universums. Bei seinen Brüdern macht ihn sein Hochmut äußerst unbeliebt, sie verkaufen ihn im wahrsten Sinne des Wortes und erklären dem Vater, er sei gestorben. In der Fremde findet er zunächst einen Ort, an dem er gut leben kann, wird dann wiederum verraten durch die Lüge einer Frau und landet für Jahre im Gefängnis. Am Ende macht er aufgrund seiner Begabung, Träume deuten zu können und nachhaltig zu denken, eine große Karriere, die ihn bis an die Spitze des Landes führt. Eine Hungersnot treibt Josefs Brüder in seine Nähe. Sie befürchten Rache, aber Josef ist glücklich, sie wiederzusehen, vor allem seinen jüngsten Bruder und schließlich den Vater. Er kann seine Familie in einer Zeit des Hungers retten, Versöhnung wird möglich. Als jedoch der Vater stirbt, befürchten die Brüder, er könne sich nun doch an ihnen rächen. Josef aber sagt: *Ihr gedachtet es böse mit mir zu machen, aber Gott gedachte, es gut zu machen … So fürchtet euch nun nicht; ich will euch und eure Kinder versorgen. Und er tröstete sie und redete freundlich mit ihnen* (1 Mose 50,20 f.).

Das ist ein bewegender Rückblick auf ein ganz besonderes Leben. Dieser Josef hat ganz offensichtlich mit seinem Leben, mit allen Höhen und Tiefen, Frieden geschlossen. Und mit den Menschen, mit denen er lebt und noch weiter leben will, auch. Er kann ohne Groll zurückschauen, es war, wie es war und am Ende war es gut so. Er kann sich versöhnen mit den schweren Zeiten, mit Angst und Leid, Verrat und Verlust, auch mit dem, was andere ihm angetan haben. Das scheint mir Freiheit zu sein: loszulassen, was an Anfeindungen, Angriffen, Auseinandersetzungen das Leben belastet. Wer wie Josef „es gut sein lassen" kann, vergräbt sich nicht in alten Feindschaften und bitteren Erinnerungen an Situationen, die als Unrecht erlebt wurden. Ein solcher Mensch kann das schlicht vergangen sein lassen.

Aussöhnung mit dem eigenen Leben führt auch zu Versöhnung mit anderen. Wie viele Menschen hadern noch im Alter mit den Eltern, die Fehler begangen haben in der Erziehung, in ihrer Jugend! Oder mit Verletzungen in der Beziehung, mit der vermeintlichen Vernachlässigung durch die eigenen Kinder, der Zurücksetzung im Beruf – wer sich daran festbeißt, ist nicht frei. Vergeben können – das befreit zuallererst die Opfer. Gewiss, niemandem kann das verordnet werden, aber es ist eine große Erfahrung. Wenn bei Nelson Mandelas Trauerfeier sein Leben gefeiert wurde, dann doch vor allem diese Haltung, die die Welt bewegte: Nach 27 Jahren kam er aus dem Gefängnis nicht als verbitterter und vergrämter Mann, sondern mit einem Lächeln auf dem Gesicht und bereit, mit den Feinden von einst Wege in die Zukunft zu suchen. Das hat Millionen von Menschen bewegt. Weil es nicht nur menschliche Größe gezeigt hat, sondern einen inneren Frieden mit sich selbst, eine innere Freiheit, die imponiert.

Kauft die Zeit aus – das Leben genießen

Im Epheserbrief des Neuen Testamentes heißt es: *So seht nun sorgfältig darauf, wie ihr euer Leben führt, nicht als Unweise, sondern als Weise, und kauft die Zeit aus* (Eph. 5,15–16). Im Grunde könnte das eine Lebensberatung heute auch sagen: Kaufe die Zeit aus! *Carpe diem*, wie schon der griechische Dichter Horaz sagte, *fange den Tag!* Versuche so zu leben, dass du das Leben als geschenkte Zeit sehen kannst.

Mich persönlich deprimiert das Nachdenken über Sterben und Tod nicht. Es vertieft mein Leben. Je älter ich werde, desto mehr wird mir die Begrenztheit des Lebens bewusst. Wenn du jung bist, ist alles nach vorne, auf Zukunft ausgerichtet. Wenn du älter wirst, spielt Vergangenes eine größere Rolle, aber auch das Bewusstsein, dass die vor dir liegende Zeit begrenzt ist. Mir macht das allerdings weniger Angst, als dass es mich dazu veranlasst, gut zu überlegen, wie ich leben will – zu sortieren, was irrelevant und was mir wichtig ist.

Das erste Mal habe ich intensiv darüber nachgedacht, als ich nach der Krebsoperation darauf warten musste, dass die Strahlentherapie beginnen konnte. Das hat mich ungeduldig gemacht mitten in einem sehr ausgefüllten Leben als vierfache Mutter und berufstätige Frau. Am liebsten hätte ich das alles zunächst schnell und effizient abgehakt: Diagnose – Operation – Behandlung – Weitermachen. Aber mit der Zeit, die plötzlich und unerwartet zur Verfügung stand, stellten sich unweigerlich andere Gedanken ein: Wenn ich nur noch eine begrenzte Zeit zu leben habe, wie will ich denn leben? Und stimmt mein Leben, wie es sich jetzt gestaltet, damit eigentlich überein?

„Die Zeit auskaufen" ist ein schönes Bild dafür, finde ich. O ja, ich möchte sie auskaufen, den wunderbaren Waldspaziergang genießen, den fröhlichen Abend mit meinen Kindern warm im Herzen abspeichern, die ersten Laufversuche meiner Enkelin belachen, Freude empfinden, am Strand sein zu dürfen, den Nachmittag mit der Freundin verplaudern, den jungen Buchenwald aufblühen sehen – die Kostbarkeit solcher Momente wird wertvoller, je mehr ich die Grenzen wahrnehme. Nicht Angst soll das Älterwerden auslösen, sondern Bewusstsein eben für diese unbezahlbare Beziehung zu anderen und für diese unwiederbringlichen Augenblicke.

Denn das ist auch Freiheit: loszulassen, was so relevant erscheint mit Blick auf all den Druck, den das Berufsleben mit sich bringt. Das Ausschöpfen des Lebens geschieht eben nicht mit Geld und Erfolg, sondern ereignet sich in Lebenslust, Lebensfreude, Dankbarkeit. All das ist unbezahlbar. Lebensfülle geschieht nicht über den Kopf, sondern über das Herz.

Die Gelassenheit des Alters

Die Publizistin Bascha Mika hat jüngst ein Buch zum Altern von Frauen geschrieben.[80] In einem Interview dazu erklärt sie: „Meine größte Erkenntnis bei der Recherche hatte ich bei der Entdeckung von ‚Doing Aging'. Dieser soziologische Begriff beschreibt, dass ähnlich wie es ein sozial konstruiertes Geschlecht gibt, auch das Alter gesellschaftlich *gemacht* wird. In der Praxis zeigt sich dieser soziale Mechanismus, wenn Frauen ab einem bestimmten Alter ausgegrenzt und abgewertet werden, Männer hingegen nicht. In der Wissenschaft gibt es also einen theoretischen Ansatz, der den doppelten Standard beim männlichen und weiblichen Altern ganz klar analysiert, aber kein Schwein kennt ihn." Darauf folgt die Frage: „Kann man nicht sagen, dass Männer es klüger angehen als Frauen? Ihrer These nach leugnen die ja einfach, dass sie älter werden." Darauf Bascha Mika: „Nein, Ignoranz kann nicht die Lösung sein. Männer haben ja auch Nachteile durch ihre Art, mit dem Alter umzugehen. Sie sterben im Durchschnitt früher als Frauen, weil sie sich körperlich vernachlässigen. Sie wollen ja noch nicht mal wahrhaben, dass auch sie in die Wechseljahre kommen."[81]

Gut, das Älterwerden ist in unserer Gesellschaft in der Tat ein Problem. Das vierte Gebot „Du sollst Vater und Mutter ehren" hat im hebräischen Denken mit dem Respekt und der Würde

---

80 Vgl. Bascha Mika, Mutprobe, 2014.
81 Judith Luig, Warum alternde Frauen einfach unsichtbar werden, in: Berliner Morgenpost, 13. Februar 2014.

der Alten zu tun. Sie sollen geachtet werden im Land. Dabei behauptet die Bibel übrigens nicht, dass die Alten unbedingt allein durch ihr Alter weise wären. So heißt es im Buch Hiob (32,9): *Die Betagten sind nicht die Weisesten, und die Alten verstehen nicht, was das Rechte ist.* Und im Buch des Predigers (4,13): *Ein Knabe, der arm, aber weise ist, ist besser als ein König, der alt, aber töricht ist und nicht versteht, sich raten zu lassen.* Das finde ich wunderbar realistisch. Denn manche Alten sind auch echte Nervensägen und eine Belastung für ihre Mitmenschen, vor allem für diejenigen, die sie betreuen und pflegen. Das sollte niemand schönreden, die Stoßseufzer dürfen geseufzt werden. Auch bei Beerdigungen darf gesagt werden, dass Menschen durchaus anstrengend waren für andere, da gab es Schwächen und Fehler, die müssen weder schöngeredet noch verschwiegen werden. Der bereits erwähnte Satz „De mortuis nihil nisi bene" – über die Toten nichts sagen, es sei denn Gutes, hat manche Trauerfeier ins Komische abgleiten lassen oder schlimmer: zu verächtlichen Reaktionen geführt. Realismus ist gut, die Schwächen eines Menschen dürfen benannt werden. Dennoch: Respekt verdient ein jeder und eine jede für gelebtes Leben, für die Kraft, die sie für die Familie, für die Gesellschaft eingebracht haben.

Das Alter fürchten die Menschen in unserer Gesellschaft wie im berühmten Sprichwort der Teufel das Weihwasser. Viele versuchen, die Spuren des Alters zu tilgen, zu kaschieren, zu überschminken. Aber es gibt auch die Vorteile des Älterwerdens. Vielleicht sollten wir mehr von ihnen sprechen, um Menschen die Angst vor dem Altern zu nehmen. Ich finde, viele verpassen mit ihrer Angst die Pointe.

Ich fühle mich wesentlich gelassener. Wem musst du noch etwas beweisen? Du kannst dich ausklinken aus dieser Rennerei von „höher, weiter, mehr", weil du ja sowieso nicht mithalten kannst. Bewundernd kann ich zuschauen, wie meine Tochter mit ihrem Lebenspartner in Berlin den Halbmarathon läuft – großartig! Aber ich werde keinen mehr laufen, wenn ich jogge, dann „just for fun". Wenn ich mit meiner Enkeltochter zusammen bin, denke ich nicht daran, ob mir das Zeit am Schreibtisch raubt, ich genieße einfach die gemeinsamen Stunden.

Wir stehen da und staunen über ein paar Vögel. Es dauert sehr lange, bis sie alle Muscheln begutachtet hat und schließlich eine auswählt zum Mitnehmen. Anders als bei meinen eigenen Kindern verspüre ich keinen Druck dabei, weil ich damals in Gedanken oft schon beim Nächsten war, das auf mich wartete.

Altwerden hat große Vorteile. Keiner beschwert sich, wenn du zu langsam bist! Du bleibst entspannter, wenn du etwas nicht schaffst. Hab ich etwas vergessen, kann ich es getrost aufs Alter schieben und es wird gelächelt. Es geht nicht mehr darum, etwas zu erreichen, mir jedenfalls nicht. So kannst du wesentlich gelassener sein.

Gewiss, schönreden will ich das Altern auch nicht. Die Schweizer Theologin Marga Bührig, die sich immer sehr vornehm ausdrückte, sagte einmal pointiert: „Altwerden ist scheiße, weißt du!" Sie hatte Wasser in den Beinen, das Treppensteigen fiel ihr schwer. Vielleicht müssen wir zwischen Idealisierung und Realität einfach eine gute Balance finden. Ja, einige Dinge gehen nicht mehr; das akzeptieren heißt auch, Frieden mit der Realität finden.

Was schmerzt, das erlebe ich immer wieder, ist, wenn die Gleichaltrigen sterben. Eine ältere Dame sagte, es tue ihr weh, immer wieder zu Beerdigungen zu gehen. Der Cousin, die Schulfreundin, der Nachbar – sie erlebe ständig Abschiede und das erfülle sie mit Trauer. Die Zeit ihrer Generation gehe zu Ende. Und das ist auch nicht zu leugnen. Wer Traueranzeigen anschaut, sieht, wie bestimmte Jahrgänge immer seltener werden.

Aber nein, es ist nicht nur alles schlecht, da gibt es viele wunderbare neue Perspektiven und Wahrnehmungen. Und vielleicht wächst ja auch der Humor. Eine Freundin hatte mit ihrem neuen Partner eine Auseinandersetzung, weil er immer wieder sagte: „Entspann schön!" Sie hat das auf die Palme gebracht, weil es eine Saite traf, mit der sie sich kleingemacht fühlte. Sie hat viel geleistet, sie war oft angespannt, brauchte aber keine Anweisung, jetzt ruhig zu werden. Die beiden konnten es klären, auch weil sie alt und erfahren genug war, ihr Unbehagen anzusprechen. Am Telefon haben wir gelacht darüber, das hat eine andere Leichtigkeit als die Verbissenheit, mit der in jüngeren Tagen manches Mal gerungen wird.

In Erinnerung bleiben

Die oben genannten Nachrufe auf das eigene Leben eröffnen die Frage: Wie möchte ich in Erinnerung bleiben? Daran denken viele offenbar überhaupt nicht. Was will ich denn hinterlassen als Lebenshaltung? Bei meiner Mutter war ich wirklich beeindruckt, wie sehr ihre zehn Enkel sie wertgeschätzt haben. Alle haben nur Gutes über sie gesagt bei der Beerdigung. Und das war kein „Schmus", es waren keine banalen Floskeln – das war ernst gemeint. Meine Mutter hat es offenbar geschafft, nach all den Jahren von Arbeit, Mühe und Leistungsdruck die letzten Jahre ihres Lebens so zu leben, dass alle ihre Zuwendung individuell positiv erlebt haben. Ein Enkel sagte: „Ich erinnere mich so gern daran, dass es bei ihr immer Sahne zum Apfelmus gab." Eine Enkelin: „Wenn ich angerufen habe, hat sie sich immer riesig gefreut und hatte alle Zeit der Welt zuzuhören, was mich gerade bewegte!" Wie muss ich eigentlich leben, um so in Erinnerung zu bleiben, das ist eine gute Frage. Was sagt mir das für mein Leben?

Dass dieselben Menschen sich als Großeltern anders verhalten denn als Eltern, wird oft berichtet. Das ist wohl auch Freiheit des Alters, den Druck abzulegen, anderen irgendwie entsprechen zu müssen. Den Ton zu ändern, der immer mit einem Ringen um Bestehen oder Durchsetzen gemischt war und milder wird, ruhiger auch. Gerecht werden musst du nur deiner Lebensbilanz, vor dir selbst und – als gläubiger Mensch – vor Gott. Doch, das ist Freiheit, und ich muss schmunzeln bei dem Gedanken. Das fühlt sich wirklich frei und unabhängig an!

Geh aus, mein Herz

1998 wurde Klaus von Bismarck beerdigt. Er hat viel geleistet für die Bundesrepublik Deutschland, für die Aussöhnung mit Polen, für den Kirchentag. Wir haben ihn in Hamburg an einem sonnigen Maitag zu Grabe getragen. Mich hat beeindruckt, wie seine Urenkel so selbstverständlich dabei waren, ja entspannt spielten um das Grab herum. Das war kein Störfaktor, das gehörte schlicht dazu, war Teil der würdigen Trauer – mit der Gelassenheit, ein intensiv gelebtes Leben zu verabschieden.

Sterben und Leben waren in einem selbstverständlichen Miteinander. Auf dem langen Weg von der Kirche zum Friedhof haben wir alle Strophen von „Geh aus, mein Herz" gesungen. Paul Gerhardt hat seine ganze Lebenserfahrung von Freude und Verlust, Glauben und Schmerz, Trauer und Zuversicht in diese Verse hineingedichtet. Es ist ein wunderbares, bewegendes Lied bis heute, das sagt: Lebensfreude und Bewusstsein für Trauer, Abschied und Schmerz – sie gehören zusammen! In der Verbindung von Lebenslust und Hoffnung auf Gottes Zukunft ist Paul Gerhardts Worten nichts hinzuzufügen. Ich würde mich freuen, wenn das Lied auch auf meiner Beerdigung gesungen wird und meine Enkel um mein Grab herum spielen. ∾

Geh aus, mein Herz, und suche Freud
in dieser lieben Sommerzeit
an deines Gottes Gaben;
schau an der schönen Gärten Zier
und siehe, wie sie mir und dir
sich ausgeschmücket haben.

Die Bäume stehen voller Laub,
das Erdreich decket seinen Staub
mit einem grünen Kleide;
Narzissus und die Tulipan,
die ziehen sich viel schöner an
als Salomonis Seide.

Ich selber kann und mag nicht ruhn,
des großen Gottes großes Tun
erweckt mir alle Sinnen;
ich singe mit, wenn alles singt,
und lasse, was dem Höchsten klingt,
aus meinem Herzen rinnen.

Ach, denk ich, bist du hier so schön
und läßt du's uns so lieblich gehn
auf dieser armen Erden:
was will doch wohl nach dieser Welt
dort in dem reichen Himmelszelt
und güldnen Schlosse werden!

Erwähle mich zum Paradeis
und laß mich bis zur letzten Reis
an Leib und Seele grünen,
so will ich dir und deiner Ehr
allein und sonsten keinem mehr
hier und dort ewig dienen.
Paul Gerhardt

Nachsatz

Im Vorwort habe ich Heinz Zahrnt zitiert, der über seinen eigenen Tod reflektierte. Ich mochte diesen großen alten Mann des deutschen Protestantismus sehr und habe bewundert, wie er in verstehbarer Sprache über die großen Fragen des Glaubens sowie der Theologie gesprochen und geschrieben hat. Im Jahr 2002 rief er mich an und sagte: „Liebes, würden Sie mich beerdigen?" Und so habe ich im November 2003 seine Trauerfeier gestaltet. Vor allem sein Satz: „Der Tod ist kein hoffnungsloser Fall"[82] hat mich nachhaltig beeindruckt. Er ist voll von Lebensheiterkeit, Hoffnung und Glaubenszuversicht, finde ich. Zahrnt schreibt: „Wohin Gott durch den Tod uns führt, bleibt ein Geheimnis. Mit einem Geheimnis aber kann man leben, wenn man Vertrauen hat. Über ein Geheimnis kann man auch nachdenken und sogar spekulieren, aber man kann es nicht enträtseln wie den Mordfall in einem Kriminalroman. Wenn der Tod für uns aus einem menschlichen Rätsel zu einem göttlichen Geheimnis wird, dann sind wir ein Stück weiter, dann haben wir überhaupt die letzte uns mögliche Stufe menschlicher Lebensweisheit erreicht und können ‚das Zeitliche segnen'."[83]

Das ist ein tief anrührender Gedanke, finde ich. Wenn wir den Tod als göttliches Geheimnis annehmen, verändert sich

---

82 Zahrnt, a.a.O., S. 254. / 83 Ebd. S. 257.

unser Blick. Wir können ein Stück Freiheit gewinnen, auch gegenüber dieser ständigen Angst vor Krankheit und Sterben. Es ginge dann weniger um „Hauptsache, gesund" als um „Hauptsache, die Zeit bewusst leben, die ich habe".

Das Zeitliche segnen ist ein wunderbares Wortspiel. Vom Ende her wird das Zeitliche in ein besonderes Licht gestellt. Ich kann meine Zeit voller Freude ausschöpfen, versuchen, das Beste aus ihr zu machen, um am Ende lebenssatt und zufrieden ein „Ja" dazu zu sagen. Ja, es war gut.

Gesegnet, das heißt so viel wie „gut geheißen". So war mein Leben, mit Höhen und Tiefen, ich kann es zurück in Gottes Hand geben. Und jetzt kommt das Ewige. Und auch das liegt in Gottes Hand.

Wer einen solchen Blick wagt, eine solche Haltung einnimmt, kann voller Hoffnung leben und in Frieden sterben, davon bin ich überzeugt.

Quellenhinweise

Wir danken den Verlagen für die erteilten Abdruck-genehmigungen:

Seite 50 Mascha Kaléko, In meinen Träumen läutet es Sturm
© 1977 Deutscher Taschenbuch Verlag GmbH & Co. KG,
München

Seite 62 Mascha Kaléko: Memento, Aus: „Verse für Zeit-genossen", Rowohlt Verlag, Reinbek, 1958
© 1975 Gisela Zoch-Westphal

Seite 86 dem herrn unserem gott, Aus: Kurt Marti,
Namenszug mit Mond. Gedichte
© Nagel & Kimche im Carl Hanser Verlag München 1996

Seite 103 Evangelisches Gesangbuch, Lied 376,
Text: Julie von Hausmann 1862
© Evangelische Kirche in Deutschland, Hannover

Seite 119 Evangelisches Gesangbuch, Lied 361,
Text: Paul Gerhardt
© Evangelische Kirche in Deutschland, Hannover

Margot Käßmann
Prof. Dr. theol., Dr. h.c., geb. 1958, ist evangelisch-lutherische Theologin und Pfarrerin. Sie war von 1999 bis 2010 Bischöfin der größten evangelischen Landeskirche in Hannover und 2009/2010 Ratsvorsitzende der Evangelischen Kirche in Deutschland. Davor war sie Gemeindepfarrerin, Studienleiterin der Evangelischen Akademie Hofgeismar und Generalsekretärin des Deutschen Evangelischen Kirchentags. Seit April 2012 wirkt sie als „Botschafterin der EKD für das Reformationsjubiläum 2017".
Margot Käßmann ist Mutter von vier erwachsenen Töchtern.

FSC® C014496
MIX
Papier aus verantwor-
tungsvollen Quellen

Verlagsgruppe Random House FSC® N001967
Das für dieses Buch verwendete
FSC®-zertifizierte Papier *Munken Premium Cream*
liefert Arctic Paper Munkedals AB, Schweden.

© 2014 der deutschen Ausgabe by adeo Verlag
in der Gerth Medien GmbH, Asslar,
Verlagsgruppe Random House GmbH, München

1. Auflage September 2014
Bestell-Nr. 835024
ISBN 978-3-86334-024-7

Umschlaggestaltung: Gute Botschafter GmbH, Haltern am See
Innengestaltung: Stefan Wiesner
Autorenfoto: Steffen Roth, Berlin
Satz: Uhl + Massopust, Aalen
Druck und Verarbeitung: GGP Media GmbH, Pößneck
Printed in Germany